广雅

聚焦文化普及，传递人文新知

广　　大　　而　　精　　微

生命中那些重要的事

72 Brief Essays on Things That Matter

伦理学的72堂课

[澳]彼得·辛格 著
王鑫 译

田雷 主编
雅理

GUANGXI NORMAL UNIVERSITY PRESS
广西师范大学出版社
·桂林·

生命中那些重要的事：伦理学的 72 堂课
SHENGMINGZHONG NAXIE ZHONGYAO DE SHI: LUNLIXUE DE 72 TANG KE

图书在版编目（CIP）数据

生命中那些重要的事 : 伦理学的 72 堂课 / （澳）彼得·辛格著 ; 王鑫译. -- 桂林 : 广西师范大学出版社, 2023.4
（雅理 / 田雷主编）
书名原文：ETHICS IN THE REAL WORLD: 82 Brief Essays on Things That Matter
ISBN 978-7-5598-5753-8

Ⅰ. ①生… Ⅱ. ①彼… ②王… Ⅲ. ①伦理学 Ⅳ. ①B82

中国国家版本馆 CIP 数据核字（2023）第 014961 号

广西师范大学出版社出版发行
（广西桂林市五里店路 9 号　邮政编码：541004
网址：http://www.bbtpress.com）
出版人：黄轩庄
全国新华书店经销
广西广大印务有限责任公司印刷
（桂林市临桂区秧塘工业园西城大道北侧广西师范大学出版社集团有限公司创意产业园内　邮政编码：541199）
开本：840 mm × 1 092 mm　1/32
印张：11.125　　字数：210 千
2023 年 4 月第 1 版　　2023 年 4 月第 1 次印刷
定价：69.00 元

如发现印装质量问题，影响阅读，请与出版社发行部门联系调换。

中文版序

本书收录的文章涵盖了广泛的话题，而文章的共同点是这些话题都是从伦理学的角度去探讨的。因而，本书的中文译本引发了一个问题：当伦理争论跨越了其起源的文化和伦理传统的边界，并被置于一种完全不同的文化和伦理框架时，它在多大程度上能立得住？

人们通常认为，所有的伦理道德都与文化有关，我们应该单纯地接受不同文化背景的人有不同的价值观。从这个观点来看，对不同文化的价值观做出客观的评价是不可能的，因为没有独立于任何文化的标准可以对其做出客观的评价。结果，当来自一种文化的人批评另一种文化时，他们实际上是在说，他们自己的文化与另一种文化有不同的价值观。恰当来说，他们不能说自己的价值观是正确的或者是真理价值，优于（或者劣于）其他不同文化的价值观。

从这一描述来看，不同的社会在某些问题上确实会有不同的伦理观点。对一些社会来说，试图将自己的价值观强加于其他社会的做法可能也是不好的，比如，当年基督教传教士在到达南太平洋时，就坚持要求当地人遵循基督教的穿衣规范和性道德。有时，最好能包容不同的风俗习惯。但这并不表明，当文化不同时，就没有办法判断一种文化习俗是对还是错。许多文化通过军事征服、奴役他人、种族灭绝、使女性屈从于父权和夫权的无上权威来扩大其领土。今天，我们认为所有这些做法都是错误的，当我们这样说时，我们的意思不只是“这不是我们的文化中所崇尚的”。

事实上，我们能够站在自己的文化之外，这就充分显示了我们有能力批评那些在我们自己的文化中仍然被大多数人接受的做法。如果“好”仅仅意味着“被我的文化认可”，这种情况是不可能发生的。这并不是一个新的观点。生活在战国时期的中国哲学家墨子曾经假设一个部落有杀长子、吃长子的习俗，借以反驳“习俗决定是非”的观点。[①] 墨子认为，即使这是一种习俗惯例，也不能说明这是正确的。

我是在英语国家长大的，接受的是西方哲学研究传统的教育，这种传统可以追溯到苏格拉底和柏拉图。我自己的伦理观点受到了18、19世纪功利主义者的强烈影响，特别是杰里米·边沁（Jeremy Bentham）、约翰·斯图尔特·密尔（John Stuart Mill）和亨利·西季威克（Henry Sidgwick）。但是，墨子的思想与此是有关联的，因为先于那些英国思想家把功利主义作为西方突出的伦理观点两千多年，墨子就已经主张要有一个独立的标准

①此处指《墨子·节葬下》中的内容。——译者注。

来判断习俗优劣：这种习俗是否利大于弊。

从墨子和边沁的相似之处可以看出，来自不同时空和文化的源流思想家可以各自得出类似的结论。再举个例子，我在这本书中为之辩护的一些观点，例如，那些关于动物的观点与东方的佛教传统的关系更密切，而与西方的犹太教和基督教传统更疏远。另一个例子是中国领导人对马克思主义的认可。马克思后来声称他的理论是科学而不是哲学或伦理学。但是，马克思主义理论中有很多道德判断的内容，对此任何阅读过《共产党宣言》（*The Communist Manifesto*）的读者都会认可。

因此，我希望你们，我的中国读者们，不要把这些文章仅仅当作一位哲学家在陈述其价值观，而这个哲学家的传统与你们的不同，你们应该寻求的是超越任何特定文化和特定传统的观点。我们都能理性地思考，去讨论我们应当怎样生活，这正是本书所要启发的能力。

彼得·辛格

2020 年 5 月于墨尔本

致谢

本书中的许多文章（并非全部）是为报业辛迪加（Project Syndicate）所写的，报业辛迪加为涉及153个国家的超过450家媒体提供宽领域评论的新闻服务。在安杰伊·拉帕钦斯基（Andrzej Rapaczynski）的鼓励下，我自2005年开始为报业辛迪加撰写月度专栏。安杰伊将我招募进他的专栏作家团队，这对于我来说是极大的知遇之恩。这些年里，阿加塔·萨根（Agata Sagan）带给了我很多令我关注的话题，并引导我将它们写成了文章。阿加塔对我所撰写的内容进行了研究，并且就草稿提出了很多有用的评论。报业辛迪加的编辑，肯·墨菲（Ken Murphy）和乔纳森·斯坦因（Jonathan Stein）在我尽最大努力表述清晰的基础上，帮助我对文章进行了润色。感谢报业辛迪加允许我出版我的专栏文章。本书的其他文章来源于《纽约时报》（*The New York Times*）、《华盛顿邮报》（*The Washington Post*）、《纽约每日新闻报》（*New York Daily News*）以及《自由探索》（*Free Inquiry*）。部分文章是与他人合著的，在此，我向对我的思考和写作做出重要贡献的合作作者们表示感谢，他们是：尼克·贝克斯坦德（Nick Beckstead）、滕飞（Teng Fei）、马克·豪泽（Marc Hauser）、弗朗西丝·基斯林（Frances Kissling）、阿加塔·萨根以及马特·维格（Matt Wage）。在本书中，我对部分文章做了必要的更新，但是大多数文章与首次发表的版本是一致的。

普林斯顿大学出版社的罗伯·滕皮奥（Rob Tempio）先生提出了出版本书的想法，在此我对罗伯表示深深的感谢，感谢你启动了本书的项目并持续关注直到完成。阿加塔·萨根通读了我的许多文章，并且就入选文章给出了建议。我接受了她的大部分建议，并且对她在本书成型过程中扮演的重要角色表示感谢。对于出版社两位匿名审读人提供的许多建设性建议，我表示十分的感激。对出品编辑埃伦·弗丝（Ellen Foos）对于出品流程的有效管理，以及对文字编辑乔迪·贝泽（Jodi Beder）的温和为人和提升了最终文本的确定性和可读性，我表示诚挚的感谢。

彼得·辛格

普林斯顿大学人类价值研究中心

墨尔本大学历史与哲学研究学院

目 录

第三编:论超越生命神圣的伦理理念

第四编:论生物伦理和公共健康

第五编:论性与性别

第六编:论行善

第七编:论幸福

第八编:论政治

第九编:论全球治理

第十编:论科学与技术

第十一编:论生活、娱乐和工作

引言

我们都有做出伦理选择的经历，而且往往是发生在无意识当中的。我们常常认为，所谓伦理就是遵守那些以“你不可以……”为开头的规则。如果这就是伦理的全部，那么只要我们不违反这些规则，我们所做的一切都是合乎伦理的。然而，这样的伦理观是片面的。它忽略了我们可以在力所能及的范围内——而不仅限于自己所在的社群，为不如我们这般幸运的人做一些善良的事情。同样，我们也应该将我们的关怀扩展到后代人，以及超越人类物种的动物身上。

民主社会的公民还肩负着另一重要的伦理责任：成为一名受过教育的公民，并参与社会决策。许多这样的社会决策都涉及伦理选择。在公开讨论这些伦理问题时，受过伦理学或道德哲学训练的人可以发挥重要的作用。这在当今已经不是一个非常具有争议性的观点了。但是，当我还是一个学生的时候，哲学家们声称，他们拥有特定的专业知识可以去阐述实质伦理问题，这是一个错误的认识。至少在当时的英语世界当中，对于这一学科的普遍理解是，哲学侧重于字词和概念的分析，因此在实质伦理问题上是中立的。

令我庆幸的是，20 世纪 60 年代末、70 年代初的西方学生运动，重塑了道德哲学的实践和教学方式，否则，我非常怀疑我是否能在之前的学说大行于世的情况下继续我的哲学生涯。在“越战”时期，以及反对种族主义、性别主义和环境破坏的思潮盛行的时期，学生们要求大学课程关注当下重要的社会问题。哲学家们回到他们学科的起点以回应这样的需求。他们回溯起苏格拉底向他的雅典同胞询问正义的本质，以及怎样才能公正地生活的例子，并鼓起勇气向他们的学生、他们的哲学家同侪和更广大的公众提出类似的问题。

在抵制种族主义、性别歧视和“越战”的思潮中，我写作了我的第一本书，提出了在民主政体下民众的不服从在何时是正当的这个问题。① 从那时起，我就非常热衷于寻求解决哲学系之外的人们非常关心的问题。在某些哲学的圈子里，有这样一种观点，即凡是没有学过哲学的人都能理解的事物，便不值得深究。而与之相反，我很怀疑不能被清晰表达的事物是否也很有可能没有被清楚地思考过。

许多学者如果不屑于写作面向普罗大众的读物，那么他们就更加不齿于为报纸写一些“豆腐块”了。在这本书中，你们会读到我的一些小短文的选编。报纸专栏

---

①Peter Singer, *Democracy and Disobedience*, Oxford: Clarendon Press, 1973.

通常都是时效性很强的，而我所选择的文章讨论的都是一些恒常的问题，或者尽管让人觉得非常遗憾，但是它们依然存在于我们身边的问题。不得超过一千字的篇幅限制，使我不得不用一种清楚而简洁的风格来写作这些文章。诚然，这样的文章不能够以一种能被同行评估的方式来展现我的研究，而且一些可以在长篇大论中得到论述的细节和要点也必然会被省略。若我所做的事情能得到哲学系同僚们的肯定，我自然是非常开心的。但是我衡量自己的作品是否成功，同样也取决于著作、文章，以及演讲是否对于更大范围的读者和听众产生了影响，而这些读者和听众，都是乐于思考伦理生活的人。据研究，能够通篇读完同行评议期刊中那些文章的读者，平均每篇不过十个人。① 但是，主流报纸上的一个表达观点的“豆腐块”或专栏可能有上万甚至上百万读者。一些这样的小文章可能会改变读者对于重要问题的认识，甚至改变他们的生活方式。我对此十分清楚，因为曾经有读者告诉我，读了我的文章，他们捐赠给慈善机构的物品有了变化，他们停止食用动物制品，甚至至少有一位读者将自己的一个肾脏捐赠给了陌生人。

本书开篇部分的文章给我的伦理学方法论带来了一些启发，值得我在此一提。道德判断并不是纯粹主观的，换句话说，道德判断与味觉判断是不同的。如果道德判

①Asit Biswas and Julian Kirchherr, “Prof, No One Is Reading You,” *The Straits Times*, April 11, 2015.

断纯粹是主观的，那么关于伦理问题的争论甚至都没有关于冰激凌口味的争论来得有价值。人的口味各不相同，在沙拉调料里放多少大蒜，实际上并没有所谓“正确”之说。而安乐死的合法化，以及吃肉是否错误这些问题，是我们认为值得讨论的。

尽管我们会分享一些直观的感受，但伦理学并不是简单地表达直观喜恶。我们可能会有一些用“啐”等语气词来表达厌恶的本能，这样的本能曾经在人类祖先谋求生存的时候发挥了作用。但是在那时，人类的祖先仅仅是一种社会性动物，尚不能被称为人类，并且也不具有抽象论证的能力。在当下更加广阔和复杂的世界里，这些本能无法作为引导对或错的可靠方式。因此，我们就需要动用自己的论证能力。

我曾经一度认为，这样的论证能力仅仅可以用于阐释一些更基础的伦理学立场的含义，且这些立场说到底是主观的。但是现在我不再持有这样的观点了。正如德里克·帕菲特（Derek Parfit）在其著作《论重要之事》（*On What Matters*，关于这本书我在《什么事情是重要的?》这篇文章中还会介绍）中论述的那样：存在我们可以通过严谨论证和反思来发现的客观伦理真相。① 而对于

①Derek Parfit, *On What Matters*, 2 vols, Oxford: Oxford University Press, 2013. 我在这个问题上的进一步观点请参见 Peter Singer, *The Expanding Circle*, Princeton, NJ: Princeton University Press, 2011; Katarzyna de Lazari-Radek and Peter Singer, *The Point of View of the Universe*, Oxford: Oxford University Press, 2014。

不认为客观伦理真相存在的人们，后面的文章可以看作尝试发现用不同的术语让人们接受有许多哲学家支持的伦理观念这件事情的意义。19 世纪重要的功利主义哲学家亨利·西季威克的话可能可以较好地表述这样的意思：

> 从全世界的角度来看（如果我有资格这样说的话），任何个人的利益都不比其他人的利益更重要，除非有特殊的理由相信前者比后者产生更大的利益。①

我和西季威克一样，都是功利主义者。一旦我们开始质疑那些进化了的和被文化传播的对道德问题的直觉反应，我相信功利主义就是最具防御性的伦理观点。在我和卡塔日娜·拉扎里·拉德克（Katarzyna de Lazari-Radek）合著的《宇宙观》（*The Point of View of the Universe*）一书中，我用更长的篇幅阐述了上面的观点。② 即便如此，在本书的文章当中，我不做功利主义的立场预设，这是因为在我所要讨论的许多问题上，我的结论既有站在非功利主义的立场上做出的，也有站在功利主义立场上做出的。鉴于这些问题在实践中的重要性，作为一位优秀的功利主义者，我的作品应当尽量面向更

①Henry Sidgwick, *The Methods of Ethics*, 7th edition, London: Macmillan, 1907, p. 382.

②同本页注 1。

加广泛的读者，而不是仅局限在坚定的功利主义者这一非常狭窄的范围中。

本书中的一些文章涵盖了我的一些非常广为人知的话题，包括：人与动物关系中的伦理问题，生死问题，以及富裕者对于赤贫者的义务问题。而有一些探索性的话题，我的观点可能就没有那么令人熟知了，包括：出卖肾脏或者种植转基因作物中的伦理问题，有意识机器人的道德状态问题，以及成年兄弟姐妹中的乱伦是否错误的问题。幸福及如何提升幸福感，是我伦理观点中的重要部分，也是本书一组文章的标题。在这些更为个人化的文章当中，本书的压轴篇是我关于冲浪的一些思考，这项运动极大地提升了我的幸福感。

了解我关于某些话题所写文章的读者，可能为我关于另外一些话题的观点所震惊。我努力保持着开放的心态，保持着对于实证的敏锐，以及保持着对可预见的政治路线不轻易地盲从。如果你并不相信哲学家可以对涉及广泛而普遍利益的问题做出贡献，我希望这本书能够成为你相信的开始。

第一编：论重大的问题

一个淡蓝色小点的价值

18世纪的德国哲学家伊曼努尔·康德（Immanuel Kant）曾经写道，“有两样事物，我对它们的思考越是深沉和持久，它们在我心中唤起的赞叹和敬畏就越是历久弥新：一是我们头顶的璀璨浩瀚的星空，一是我们心中的道德法则”。

为了纪念伽利略第一次使用望远镜四百周年，今年①被定为“国际天文年”，这听上去似乎是重新思考康德“赞叹和敬畏”的第一个源泉的好机会。纪念活动的目的是帮助全世界的人们“重新发现自己在宇宙中的位置”。而实际上，纪念活动带来了一些额外的好处，它将我们的注意力从离我们自身更近的烦心事，比如猪流感和全球金融危机上转移开来。

关于“我们头顶的璀璨浩瀚的星空”，天文学告诉了我们哪些事情呢？

随着我们对广袤宇宙探索的开拓，当我们在繁星密布的夜晚抬头看向星空的时候，科学会让我们赞叹和敬畏的程度有增无减（当然这是在假设我们远离空气污染

①2009年。——译者注。

和过于明亮的街灯后能看到星星的情况下）。但是与此同时，我们日益增长的知识无疑迫使我们承认，我们所赖以生存的星球，在整个宇宙当中，实际上无足轻重。

在哲学家伯特兰·罗素（Bertrand Russell）的文章《梦想与现实》（“Dreams and Facts”）中，他提到了整个银河系不过是宇宙中一块极小的碎片，并且在这块碎片当中，太阳系不过是“一粒微不足道的尘埃”，而在这粒尘埃中，“我们的星球不过是一个极其微小的点”。

如今，我们的星球在星系背景下微不足道这件事，不需要依赖于任何语言来描述。天文学家卡尔·萨根（Carl Sagan）介绍，“旅行者号”（The Voyager）空间探测器曾到达太阳系的外缘，拍摄了一张地球的照片。这件事发生在1990年，地球在一幅颗粒状图像当中看上去就像是一个淡蓝色小点。如果你们在油管（YouTube）① 上检索“卡尔·萨根——淡蓝色小点”，你们就可以看到这张照片，还能听到萨根亲口告诉我们要珍爱我们的地球，因为人类所拥有的一切只存在于这粒淡蓝色小点之上。

这种体验着实令人感动，但是我们从中能学到什么呢？

罗素写道，我们仅仅是广袤宇宙中的一粒尘埃，说明我们实际上并不那么重要，“在这一个小点上，碳和水掺杂成了小小的团块，形成了复杂的结构，并且有着略

①一个美国的视频分享平台网站。——译者注。

显异常的物理和化学属性。这些小团块经年缓慢地移动着，直到被重新打散为组成它们的单个元素”。

但是我们所栖息星球的规模并没有让我们产生类似上文的虚无主义观点，同时罗素本人也并非虚无主义者。罗素认为，我们在宇宙中的地位无足轻重，这一点很重要，因为他并不想让我们生活在一种这个世界是因我们而被创造、我们是被全能的造物主偏爱的这种虚无缥缈的信念当中。《梦想与现实》以一段鼓动人心的话作为结尾：“凡不敢看清自己在世界上所处位置的人，都无法从恐惧中解脱；一个人只有看到自己的渺小，才能成就他所能成就的伟大。”

“二战”之后，世界分裂成以互相毁灭相威胁的核武器阵营。罗素认为，相较于广袤宇宙，人类的无足轻重，并不意味着地球上所有生命的终结都无关紧要。相反，他把核裁军作为余生的政治活动中最重要的关注点。

持有类似观点的人还有萨根。他认为，如果我们把世界看作一个整体，像国境线这种把我们分隔开的东西，其重要性就会大大减弱。同时，这也“强调了我们有责任善待他人，以及去保护和珍爱这个淡蓝色小点。这个淡蓝色小点，是目前我们所知的唯一家园”。阿尔·戈尔（Al Gore）将“淡蓝色小点”的照片用在了其电影《难以忽视的真相》（*An Inconvenient Truth*）的末尾。电影告诉人们，如果我们毁坏了这颗星球，我们将无处可去。

尽管科学家仍旧在不停地探索太阳系之外人类可以

栖息的星球，但是地球是我们唯一家园的观点很有可能是正确的。可能有朝一日我们会发现我们并非宇宙当中唯一的智慧生物，也有可能我们会和这些生物讨论跨物种的伦理问题。

这就将我们带回了令康德“赞叹和敬畏”的另一个事物——我们心中的道德法则。与我们有着完全不同进化起点的生物（可能甚至都不是碳基生物）将如何理解我们的道德法则呢？

来自报业辛迪加，2009年5月14日

什么事情是重要的？

道德判断有正误之分吗？或者说，伦理在本质上是一个和个人选择相关的主观问题，还是一个可能与人们生活的社会文化有关的问题？这些问题的答案我们可能已经找到了。

在哲学家当中，道德判断陈述了客观真理的观点，早在 20 世纪 30 年代就已经过时了。在当时，逻辑实证论者主张，由于无法对道德判断进行证实，道德判断只能被视作一种人们感受和态度的表达。举个例子，当我们说“你不应该打那个孩子”的时候，我们实际上是在表达，我们对你打孩子这件事情的不认同，或者是鼓励你不要去打孩子。实际上，对于你打孩子这个行为是不是错误的，并不存在所谓正确答案。

逻辑实证论者的观点时常被人质疑，而且许多反对意见来自宗教思想家，他们将许多问题诉诸上帝的指示。而这种观点对于西方哲学这一高度世俗化世界的吸引力是非常有限的。其他一些关于伦理学中客观真理的辩护，虽然没有诉诸宗教，但是对于主流的哲学思潮，几乎没有任何的推进作用。

上个月[1]哲学界发生了一件重要的事件：大家期待许久的德里克·帕菲特的新书《论重要之事》出版了。作为牛津大学万灵学院（All Souls College）的荣退教员，帕菲特在此之前仅在 1984 年出版过一本书，也就是广受好评的《理与人》（*Reasons and Persons*）。帕菲特的整个世俗理论及他转换不同立场的思考方式，在几十年来首次让反对伦理学领域客观主义的人退居到了防守的位置上。

《论重要之事》是本大部头的书：包含上下两大卷，总计 1400 页密集论证的内容。但是对于有着求知欲的读者来说，这并不是一道不可逾越的门槛——尤其当这本书的作者是帕菲特的时候。书中的核心论点出现在前 400 页，并且遵守了传统英语世界哲学的优良传统，即力求语言的清晰明确，能使用简洁词汇的，绝不使用晦涩的语言。书中的每一句话都非常直观，每一个论点都非常清楚，而且帕菲特经常使用生动的例子来说明自己的观点。因此，对于一些与其说是想要理解“什么是重要的”，不如说是想要知道“什么在客观层面上是实际真正重要的”的读者来说，帕菲特的这本书可以说是一场智识上的盛宴。

许多人认为理性永远都只是工具性的：理智仅仅告诉我们如何去得到我们想要的，但是我们的基本需求和欲望是超出理性思考的范围的。帕菲特认为，事实并非

①2011 年 5 月。——译者注。

如此。就像我们能够理解“1+1=2”这种定理一样，我们也可以看到，无论我们现在是否在乎，或者是否有需求，或者是否在未来某个时点真的会遭受痛苦，我们都会理性地避免在那个时点遭受痛苦。我们同样会理性地防止其他人遭受痛苦（尽管这种理性并不总是确定地存在）。这种不言自明的标准真理为帕菲特伦理客观性的辩护提供了基础。

驳斥伦理学客观主义的一个重要论点是：人们对于对和错的判断有很深的分歧，这种分歧也延伸到了哲学家身上，而人们不能因此指责这些哲学家就是无知或混沌的。如果像伊曼努尔·康德和杰里米·边沁这样伟大的思想家，对我们应该做的事情持反对意见，那么对于我们应该做什么的问题，是否真的存在客观的正确答案呢？

比起对伦理客观性的辩护，帕菲特对于这一系列论点的回应所组成的论述可能更加清晰。他考量了对于我们应该做什么这个问题的三种主流理论：一种是从康德的观点衍生的；一种来源于霍布斯（Thomas Hobbes）、洛克（John Locke）、卢梭（Jean-Jacques Rousseau），以及当代哲学家约翰·罗尔斯（John Rawls）、斯坎伦（T. M. Scanlon）的社会契约传统；最后一种则是源于边沁的功利主义——认为康德主义（Kantian）和社会契约理论必须修正才能成立。

随后他主张，这些修正后的理论和某种形式的结果主义（consequentialism）是一致的，而这种结果主义在广义上和功利主义属于同一范畴。如果帕菲特的观点正确，那么明显冲突的道德理论之间的分歧就会比我们想象的要小很多。借用帕菲特的生动比喻，这些理论的捍卫者就是“从不同的方向爬同一座山”。

读者在阅读《论重要之事》的时候，如果抱着从书中找到关于书名问题之答案的目的，可能就要失望了。帕菲特的真正关注点是驳斥主观主义和虚无主义——除非主观主义和虚无主义者肯定客观主义是正确的，否则他相信，这些人一定认为没有任何事情是重要的。

当帕菲特真正开始质疑“什么是重要的”的时候，他的答案可能看上去惊人地明显。比如说，他告诉我们：现在重要的事情就是“我们富裕的人放弃一部分奢侈的生活；停止让地球的大气层过热；以及从其他方面保护我们的星球，使得它能够持续地维持智慧生物的生存”。

可能很多人已经有了结论。我们从帕菲特的著作中得到的，实际上是将上面这些和其他道德主张作为客观真理进行辩护的可能性。

来自报业辛迪加，2011 年 6 月 13 日

道德在进步吗？

经过了20世纪的两次世界大战、纳粹大屠杀，以及在卢旺达和苏丹达尔富尔的暴行，我们对于道德在进步这一信念的辩护越来越难。然而，这个问题并不仅仅只包含这些道德崩溃的极端案例。

今年①是联合国大会通过《世界人权宣言》（以下简称《宣言》）60周年。为了防止“二战”时期的罪行再次发生，《宣言》力图树立起一项原则——无论种族、肤色、性别、语言、宗教等，人人都平等地享有同样的基本权利。所以，我们也许可以通过已经取得的反抗种族主义和性别主义的成果，来判断我们是否有道德上的进步。

评估种族主义和性别主义在多大程度上被削减是一个令人却步的任务。不过，近期由世界公共意见网（WorldPublicOpinion.org）组织的民意调查，从侧面对这个问题进行了一些阐释。

这场民意调查在16个国家中开展，（这些国家的人口数）占世界总人口的58%，涉及将近15 000名受访者。

①2008年。——译者注。

涉及的国家包括：阿塞拜疆、中国、埃及、法国、英国、印度、印度尼西亚、伊朗、墨西哥、尼日利亚、巴勒斯坦、俄罗斯、韩国、土耳其、乌克兰及美国。其中 11 个国家的大多数人认为，在他们的生活中，不同种族和民族的人得到了更加平等的对待。

平均来看，59%的人持有上述观点，仅有 19%的人认为人们受到了更加不平等的对待，20%的人认为没有什么变化。尤其是美国、印度尼西亚、中国、伊朗和英国的人们，更加意识到了平等的增强。巴勒斯坦是唯一一个大多数人都认为不同种族和民族的人们受到了更加不平等对待的国家，而在尼日利亚、乌克兰、阿塞拜疆和俄罗斯，人们的观点分布相对比较平均。

71%的人认为女性在争取平等上取得了进步。尽管在这个问题上，巴勒斯坦依然被排除在外，但是这次尼日利亚与之同列。在俄罗斯、乌克兰和阿塞拜疆，也有少数人认为女性待遇较之从前更加不平等。在印度，尽管只有 53%的人认为女性获得了更大的平等，但是另外有 14%的人甚至认为女性享有了比男性更多的权利！（大概这些人仅仅考虑到了胎儿性别鉴定不是男性，但是又没有被流产掉的女性。）

总而言之，这些观点看上去反映了一些真实的变化，也因此成为道德进步的标志，表明世界是在朝着一个人们不因种族、民族或性别而被剥夺权利的方向进步着的。此次民意调查最显著的结果为这个观点做了背书：基于种族、民族和性别的不平等被普遍排斥。平均下来，90%的受访者认为，平等对待不同种族或族裔的人是重要的，没有哪个国家有超过13%的受访者认为平等对待不重要。

当问题涉及女性平等权利的时候，支持率几乎同样高，平均有86%的人认为其很重要。值得注意的是，这样的多数派同样存在于伊斯兰国家。例如在埃及，有97%的人认为种族和民族的平等是重要的，有90%的人认为女性平等也是重要的。在伊朗，这些数据分别是82%和78%。

对比《宣言》问世前的10年，上述结果表明人们的观点发生了重大变化。彼时，女性平权——不仅仅是选举权，而是走出家庭，走向职场，以及独立生活的权利，在许多国家依然是一个激进的观点。公然的种族主义理念在德国和美国南部盛行，世界上大部分人口生活在欧洲列强统治的殖民地中。如今，尽管在卢旺达和南斯拉夫发生了许多事件——而且在近期的肯尼亚选举风波后也有类似事件发生的迹象，但是没有国家公开地接受种族主义。

不幸的是，在女性平权这一问题上，情况并不是这样的。沙特阿拉伯不允许女性驾车，① 更不用说让女性独

①在作者写作的2008年，沙特阿拉伯还不允许女性驾车，但在2018年6月24日，沙特阿拉伯允许女性单独驾车的法案生效，这一情况目前已经发生改变。——译者注。

立投票了。[①] 在许多其他的国家，同样，无论人们怎么宣扬性别平等，现实就是距离女性平权还有很长的路要走。

这可能意味着，我所引用的调查结果反映出的不是普遍的平等，而是普遍的伪善。然而，伪善是邪恶向美德的致敬，而种族主义者和性别主义者必须对此类伪善表示赞美的事实，就是某种道德进步的标志。

话语是会产生结果的。一代人说过但并不真正相信的话，可能会成为下一代人的信仰，甚至使下一代人为此付诸实践。公众对思想接受本身就是一种进步，而真正重要的是，这种接受提供了一种杠杆，可以带来后续更加具体的进步。因此，我们应当积极地看待民意调查的结果，并且努力去填平话语与现实之间的鸿沟。

来自报业辛迪加，2008 年 4 月 14 日

①沙特阿拉伯不允许女性独立投票的情况也在 2008 年之后得到了改变。2015 年 12 月 12 日，沙特阿拉伯的女性首次在地方选举中享有选举权和被选举权。——译者注。

我们做好吃“好人药”的准备了吗？

【合作作者：阿加塔·萨根（Agata Sagan）】

有一则新闻报道，一名两岁的女童被一辆货车碾压，货车司机并没有停车。在接下来的七分钟里，有十几个人步行或骑车从这个已经受伤的孩子身边经过。随后，第二辆卡车从她身上碾压过去。直到最后才有一名女性将这个女童拉到路边，随后女童的妈妈也来了。这个孩子最后在医院里去世。事件的全过程被监控记录了下来，在电视和网络上曝光后，舆论哗然。类似的事件在2004年的伦敦也发生过，而在镜头之外，这样的事件更是数不胜数。

但是人们面对这样的情况，可以并且经常有一些非常不同的举动。

搜索“英雄拯救”的新闻，通常会出现一些旁观者不畏惧疾驰而来的火车、湍急的水流和熊熊燃烧的大火，拯救陌生人于危难的故事。这些带有极端的善良、责任感和慈悲心的行为，就像它们的反面一样，几乎是普遍存在的。

那么，为什么有些人会冒着生命危险去帮助一个陌生人，而另一些人甚至都不愿意停下脚步去拨一个急救号码呢？

科学家们就这个问题的答案已经探索了几十年。在20世纪60年代和70年代初期，斯坦利·米尔格兰姆（Stanley Milgram）和菲利普·津巴多（Philip Zimbardo）通过一个著名的实验，说明了世界上的大多数人在一些特定的情况下，会主动地去伤害一些无辜的人。与此同时，约翰·达利（John Darley）和丹尼尔·巴特森（C. Daniel Batson）也指出，即便是一些准备去做有关撒玛利亚人①寓言故事演讲的神学院学生，如果告知他们要迟到了，他们也会无视躺在路边呻吟的陌生人。最近更多的研究为我们解读了许多关于人们在做出道德决策时大脑的活动，但是我们更好地理解了是什么指引了我们的道德行为吗？

所有这些实验都忽略下面的事实：有些人会做正确的事情。一个芝加哥大学最近的实验（关于这个实验我们有一些伦理上的保留意见）似乎就为解释这个问题提供了一些新的思路。

研究者找来两只同住在一个笼子里的老鼠，将其中一只困在管道里，而这个管道只能从外部打开。没被困住的老鼠通常会试图打开管道的小门，并会最终成功。尽管在把同伴放出来之前，没被困住的老鼠会吃掉所有的巧克力，但是它们通常都会更愿意放出它们的同伴。实验者把他们的发现解释为老鼠当中的一种同理心。但

---

①典故来自《圣经·新约全书·路加福音》——译者注。

如果是这样的话，他们也证明了老鼠当中存在个体差异，因为 30 只老鼠当中仅有 23 只把它们的同伴放了出来。

这些行为上的不同是由老鼠本身造成的。人类就像老鼠一样，延续了一种帮助他人的自觉，这听上去非常合理。针对“非正常”的人类，例如精神病患者，已经有了很多研究，但是我们还需要知道大多数人里更加相对稳定的差异（可能这种差异根植于我们的基因）。

毫无疑问，不同的情景下人们的行为，也有可能由于人们的道德信仰，产生巨大的差异。但是如果人们仅仅是在他们做出道德行为的倾向上有所不同，那么我们还需要更多地了解这样的差异。只有这样，我们才能对我们的道德行为有一个准确的理解，包括：为什么道德行为存在人和人之间的差异，以及我们是否可以就这种差异做一些工作。

如果一直以来的脑部研究在事实上表明，乐于助人的人和没有这样特质的人的脑部之间确实存在生理性差异，那么接下来的问题就是：“好人药”——一种吃下就让人想要帮助别人的药物，是否会出现？其他的一些将生理状态和情绪及行为联系起来的研究，连同后续衍生出来通过药物改变这些情绪和行为的研究，证实了前述想法并不牵强。如若如此，人们可以选择服用“好人药”吗？进而，作为监狱的一种替代，罪犯们是否可以选择植入缓释药物以减弱他们的社会危害性？政府是否可能开始对人民进行筛查，去发现其中最有可能犯罪的人？政府可能会给那些犯罪危险性更大的人发放“好人药”。

如果这些人拒绝了，政府可能会要求他们佩戴追踪的设备以便随时了解到他们的行踪。于是，这些人就知道了如果他们犯了罪，他们就会被探测到。

五十年前，安东尼·伯吉斯（Anthony Burgess）[①] 写了一部未来主义小说《发条橙》（*A Clockwork Orange*）。这本小说讲述了对一个邪恶的帮派头目进行一系列改造，使其无法实施暴力的过程。斯坦利·库布里克（Stanley Kubrick）[②] 1971年的同名电影引起了一场大讨论。许多人认为，无论是为了阻止何等可怕的暴力犯罪，我们都没有权力剥夺任何人的自由意志。毫无疑问，任何研发“好人药”的计划都会遇到同样的质疑。

但是，如果我们脑部的生理构成确实影响到了我们的道德行为，那么无论是通过自然方式还是医学干预来达成预防违法犯罪和保障自由意志之间的平衡，都对我们的行为自由程度没有什么影响。如果我们之间确实已经存在了可以用来预测我们道德行为的生理差异，那么要么这种差异可以与自由意志兼容，要么这就意味着至少从我们的某些道德行为来看，我们从来就未曾拥有自由意志。无论是何种情况，无论是否拥有自由意志，我们将很快面临新的选择——我们将愿意用何种方式使我们的行为变得更好。

来自《纽约时报》，2012年1月28日

---

①英国当代著名作家。——译者注。

②美国著名电影导演、编剧、制作人。——译者注。

慈悲的本质

阿卜杜勒·巴塞特·阿里·迈格拉希（Abdul Bassett Ali Magrahi）是在1988年泛美航空PA103航班苏格兰洛克比空难事件①中唯一被判刑的人员，最近他的获释引发了众怒。几乎在同一时间，美国橄榄球队费城老鹰（Philadelphia Eagles）向前球星迈克尔·维克（Michael Vick）第二次抛出了橄榄枝，而迈克尔曾因私设斗狗场并虐杀斗败狗被判刑。1968年指挥部队屠杀了上百越南美莱村平民②的威廉·卡利（William Calley），近期也打破沉默，就其行为发表了致歉。

我们什么时候应该原谅并对那些犯了错误的人展现慈悲呢？许多国家对涉及虐待动物的犯罪处罚非常轻微，但是维克实实在在地接受了23个月的牢狱之灾。除此之外，维克还错过了运动生涯当中辉煌的两年，以及数不

①北京时间1988年12月22日，泛美航空公司PA103航班遭遇恐怖袭击，飞机在英国边境小镇洛克比上空爆炸解体，航班上259名乘客和机组人员及地面上11名洛克比居民丧生，史称洛克比空难。这次空难被视为利比亚针对美国的一次报复性恐怖袭击。——译者注。

②“越战”期间，美军怀疑村民掩护越共逃亡，于1968年3月16日在越南广义省的美莱村进行屠杀，杀死平民500余人，史称美莱村屠杀。——译者注。

清的钞票。如果维克不再重拾橄榄球事业，那么他所受到的惩罚将远远高于法院所判处的刑罚。

维克已经表达了自己的忏悔，可能更重要的是，他将忏悔的语言转化成了行动——维克在动物收容所里做义工，并与美国人道协会（Humane Society of the United States）一起反对斗狗。如果不允许他改过自新并且回归到他自身最擅长的事情上去，这样的做法并没有什么益处。

迈格拉希因谋杀 270 人被定罪并处以终身监禁。在他服刑仅仅 7 年之后，苏格兰司法部长肯尼·麦克阿斯基尔（Kenny MacAskill）就出于同情将他释放了，而理由仅仅基于一份医疗报告，这份报告证明迈格拉希已经癌症晚期并且仅剩 3 个月寿命。迈格拉希在整个事件中根本没有忏悔过，因为他从来没有认过罪，甚至直至出狱之前他也没有放弃过对其定罪的上诉。

迈格拉希是否真的濒死成为一个问题。似乎只有狱医明确说了他只有不到 3 个月的寿命，而另外 4 位专家都拒绝透露他究竟还能活多久。① 关于迈格拉希被释放的真实原因，也有阴谋论认为其与英国和利比亚之间的石油协定商谈有关。总而言之，关于迈格拉希是否真的是犯罪人存在某些疑问，而这些疑问可能在麦克阿斯基尔的决定里起了重要作用（尽管如此，这些疑问最好留给法院去解决）。

①迈格拉希在被释放后活了近 3 年，于 2012 年 5 月去世。

但是让我们暂时将这些问题放一放。假如迈格拉希是有罪的，并且他仅仅因为寿命将尽而被释放，是不是就意味着罪犯的癌症晚期可以让基于同情的释放合理化？

对于这个问题的回答要取决于犯罪的性质，刑期的长短及剩余的刑期。对于一个被判处刑期 2 年，已经服刑一半的扒手，在绝症的情况下如果坚持让他服满刑期，让他死在监狱当中而不是和家人在一起，这似乎过于苛刻了。但是释放一个仅仅服刑 7 年的终身监禁屠杀者却是一个完全不同的事情。就像受害者的亲属们指出的那样，在计划犯罪的时候，迈格拉希可没抱有任何的同情。那么他们不禁要问：为什么我们要对迈格拉希抱有同情？

麦克阿斯基尔在一份向苏格兰议会辩护自己决定的陈述中，非常克制地没有引述在英语世界关于慈悲的经典论述——鲍西娅（Portia）在莎士比亚戏剧《威尼斯商人》中的台词（尽管鲍西娅的论述非常符合这篇陈述的核心）。鲍西娅承认了夏洛克（Shylock）没有义务向违约的安东尼奥（Antonio）展示出任何的慈悲。

鲍西娅告诉夏洛克，“慈悲的本质不是强求的”，也就是说慈悲不是约束或是义务，而是像雨水那样自由降落的事物。麦克阿斯基尔承认，迈格拉希自身没有展现出任何值得同情之处，但是又明确地指出，仅仅如此并不能构成否定其在弥留之际存在值得同情的理由。随后，他将论述上升到了“我们赖以生存的”人道、同情和慈悲的价值层面，并且将他的决定描述成符合苏格兰价值的判断。

我们当然可以反对麦克阿斯基尔的决定，但是我们又必须承认——抛开表面之外的其他动因，他的动机确实是一些我们能够实践的最好品质。而且，如果我们认为针对迈格拉希罪行的惩罚还不足够，我们应当如何对待前美国军官威廉·卡利呢？

1971 年，卡利被判谋杀“超过 22 名年龄及性别不详的越南平民”。他同时还被判蓄意殴打并谋杀一名越南儿童。然而在他定罪后 3 天——没错，3 天，理查德·尼克松总统（Richard Nixon）就下令将其从监狱中释放，并且允许其在一幢舒适的两居室民居内服刑。卡利与一名女性伴侣共同生活，并且有一位工作人员随侍。3 年后，卡利甚至被解除了这样的软禁。

卡利一直声称他只是执行命令，当年是他的指挥官，欧内斯特·梅迪纳（Ernest Medina）向他下达了烧毁整个村庄并污染水井的命令。但是并没有明确的证据证明这样的命令包含了杀死非战斗人员的内容——当然，即便下达的是这样的命令，也不应当遵守。（梅迪纳虽被指控谋杀，但被宣判无罪。）

在拒绝发表公众讲话数十年后，66 岁的卡利近期发声，称对于“那天发生在美莱村的一切”他“无日不感到忏悔”。人们不禁要问，与洛克比空难遇难者的亲属相比，美莱村遇害者的亲属们是否更愿意原谅卡利呢？

来自报业辛迪加，2009 年 8 月 31 日

关于逝者的迷思

我刚刚出版了关于我外祖父大卫·奥本海姆（David Oppenheim）的一本书①。作为一个犹太裔维也纳人，他先是成了弗洛伊德②的信徒，后又成了阿德勒③的拥趸。尽管他对于探索人类心理学有着长久的兴趣，但是他依旧低估了纳粹的手段，在纳粹攻占奥地利后他未能及时逃离。在被驱逐到拥挤不堪的特雷津集中营（Theresienstadt）挨冻受饿后不久，他就去世了。幸好我的父母及时离开了维也纳，并且逃到了澳大利亚。战后，我在那里出生了。

我外祖父的许多信件和论文被保存了下来。这些文本中的一个质疑就是：什么是好的人生？由于外祖父是一位古典学者，他讨论这个问题的时候也是在一个古典

①Peter Singer, *Pushing Time Away: My Grandfather and the Tragedy of Jewish Vienna*, New York: Ecco, 2003.

②西格蒙德·弗洛伊德（Sigmund Freud，1856—1939），奥地利精神病学家、心理学家，精神分析学派创始人。——译者注。

③阿尔弗雷德·阿德勒（Alfred Adler，1870—1937），奥地利精神病学家、心理学家，个体心理学的创始人。——译者注。

语境之下的：希罗多德[①]《历史》第一卷中的一篇，讲述了聪慧的雅典立法者梭伦[②]造访富可敌国的吕底亚[③]国王克洛伊索斯[④]的故事。在招待了梭伦并且听他描述了旅途见闻之后，克洛伊索斯问他："谁是你见过的最幸福的人？"克洛伊索斯心中设想的答案是：他自己，克洛伊索斯，就是这个世界上最幸福的人——因为这个世界上又有谁能比他更加富有，统治更多的人民呢？梭伦没有迎合克洛伊索斯的预期，给出的答案是一个叫作特勒斯（Tellus）的雅典人。克洛伊索斯大吃一惊，他命令梭伦解释这样选择的理由。随后梭伦描述了特勒斯人生中的几个关键点：他生活在繁荣的城邦，有几个优秀的孩子，并且他活到了这些孩子有自己孩子的时候，他足够的富有，而且他死得光荣——在一场击垮敌人的战斗中倒下，雅典人在他倒下的地方为他举办了最高荣耀的公共葬礼。

从这个故事当中，我的外祖父将梭伦关于幸福人生的概念分解成了如下十个要素：

> 1.他所居住的国家有相当一段时间的和平与繁荣；

---

①希罗多德（Herodotus，约前485—前425），古希腊历史学家。——译者注。

②梭伦（Solon，约前638年—前559年），古希腊政治家、法律学家。——译者注。

③吕底亚（Lydia），小亚细亚西部的富裕古国。——译者注。

④克洛伊索斯（Croesus，生卒年不详），吕底亚最后一位国王，以富有闻名。——译者注。

2. 生命的长度延续到了第三代；

3. 没有丧失作为一名勇士的完整美德；

4. 有足够的收入；

5. 有良好培养的孩子；

6. 有若干孙辈后人保证血统的延续；

7. 迅速的死亡；

8. 对于个人勇气的肯定；

9. 最高荣耀的葬礼；

10. 自己的姓名留存在了公民的光荣纪念当中。

就像我们从最后两点中看到的那样，梭伦相信人身后的事情——包括他们有一场怎样的葬礼及他们怎样被铭记，对于他们的人生质量非常重要。梭伦并不是想象着在你死后，你可以从某个地方向下窥探你自己的葬礼。梭伦对身后的世界并没有任何的迷信，当然我也没有。但是对身后世界的怀疑论是否驱使人们去相信，死后发生的事情并不能用于评判人生的质量呢？

在思考这些问题的时候，我在两种互斥的立场上摇摆：第一，对你重要的事物必然会影响你的意识，也就是说你可以通过某种方式去体验它；第二，对你重要的事物是能满足你的偏好的，不管你是否察觉到它，甚至是说不管偏好被满足时你是否还活着。像杰里米·边沁那样的古典功利主义者，会持有第一种立场，这样的立场也更加直接并且在某种意义上更容易在哲学上进行辩护。但是想象一下接下来的场景：一年前，与你在同一大学院系工作的同事被诊断得了癌症，并且可能活不过一年。听到了这样的消息，她请了无薪休假，并且花了一整年的时间写了一本书，书中的内容整理了你们一起共事的十年间，她一直在探索的一些想法。这项工作令她油尽灯枯，但是她最终完成了。在她临死之前，她把你叫到了她的家中，并且展示了她的文稿，“这些，”她说，“是我希望被人们记住的。请为我将它们出版。”你对你的朋友完成这项工作表示祝贺，可她已经十分虚弱和疲惫了。但是即便如此，她将文稿交给你的时候，显然已经十分满足了。你向她道了别，然而第二天，你接到了一通电话，告诉你你的同事在你离开她家之后不久，就在睡梦中去世了。后来你读了她的文稿，毫无疑问，这些文稿是值得出版的，但是却又不是什么有开创性的作品。“意义是什么呢？”你暗自忖度，“我们其实并不需要在这些话题上多一本著作。她已经去世了，即便这本书面世，她也永远不会知道了。”你并没有将这些文稿交给出版商，而是将其丢进了可回收垃圾桶里。

你做错了什么事情吗？或者更明确一点，你对你的同事做错了什么事情吗？如果你将同事的文稿付梓，待它面世之后，可能跟其他没什么开创性的学术作品一样，并没有什么水花，那么你真的在某种意义上让你同事的人生质量减损了吗？如果我们的回答是肯定的，我们就是肯定了一个人身后的事情对于他的人生质量是重要的。

阅读我外祖父的作品并且将他的人生和思想带到更多的读者面前，是我正在为他做的一些事情，并且在某种意义上（无论多么轻微），缓和了纳粹在他那里所犯的错误。书写关于我外祖父的事迹，实际上是在鞭策我去思考，我是否相信我前面所做的这些事情是有意义的。一位祖辈的亲属希望被自己的孙辈铭记，这是很容易想象的。同样，一位学者和作家，也希望有人在自己死后能够阅读自己的作品，尤其是我的外祖父——一个被独裁者迫害至死的受害者，他所认可的自由与世界化的观点被镇压，他所在的族群被屠戮，这样诉求就更加突出了。这是不是一个我能给出的，就像梭伦所说，身后发生的事情影响到人生质量的例子呢？我认为对这个问题给出肯定的答复，并不需要你迷信所谓身后世界。

来自《自由探索》，2003 年夏

后继无人？

你是否考虑过要一个孩子？如果考虑过的话，你在做决定的时候会考虑哪些因素呢？这些因素包不包括孩子会对你、你的伴侣或者别的与这个孩子相关的人，例如已有的其他孩子或你的父母有好处？对于大多数思考生育问题的人来说，这些是主要的问题。有些人还会考虑，在我们的星球已经有七十亿人口的紧张情况下，是否还有必要增加一些成员给地球增加压力。但是鲜有人会问及对于孩子本身来说，来到这个世界上是否是一件好事。大多数考虑这个问题的人都是因为他们出于某些理由担心孩子的生活会异常艰难——例如有些人有可怕的家族遗传疾病（生理或心理），并且这些疾病无法在出生前诊断。

上述的一切表明，我们认为将一个期待幸福和健康人生的可怜孩子带到这个世界上来是错误的。但是当我们把孩子带到这个世界上来的时候，通常不会将孩子是否可能拥有幸福和健康的人生作为一个考虑因素。这就造成了哲学家之间熟知的“不对等性”，而且这种不对等性不太容易获得正当性。但是与其讨论一些之前就存在的解释，以及这些解释是如何失败的，我更想讨论一些其他相关的问题。人生应当优质到什么程度，才可以说带一个孩子到这个世界上来是合理的？当今发达国家多数人的生活水准是否足够优质到让这个问题并不成为问题，尤其是在不能清晰地知晓孩子是否会有严重的基因疾病或者其他问题的时候？

19 世纪德国哲学家亚瑟·叔本华①认为，即便是人类最好的人生可能性也只是我们为目标奋斗终身，却只能获得达成后瞬息的满足。新的欲求会促使我们进一步去做无用的挣扎，并且循环往复。

叔本华的悲观主义在近两个世纪鲜有捍卫者，但是最近有一位拥趸出现了。南非哲学家大卫·贝纳塔尔（David Benatar）写了一本标题吸睛的好书：《生而为人，我很抱歉：论存在本身的害处》（*Better Never to Have Been*：*The Harm of Coming into Existence*，目前本书无中文译本，标题为译者翻译）。贝纳塔尔的一个论点就基于前面所提到的不对等性。贝纳塔尔论述道：将一个注定要受苦的人带到这个世界上来，是害了他；但是将一个注定拥有美好人生的人带到这个世界上来，并不能说对他/她是有好处的。我们很少有人会认为，将沉重的苦难强加给无辜的孩子是正确的，即便这是我们唯一能将许多其他的孩子带到这个世界上来的手段。但是众生皆苦，

①亚瑟·叔本华（Arthur Schopenhauer，1788—1860），德国哲学家。——译者注。

并且只要我们的种族不断地繁衍，我们可以肯定地说，在未来，某些孩子会遭受更深的苦难。所以说，不断地繁衍只会让一些孩子受到更大的伤害，却并没有给任何人带来好处。

贝纳塔尔也论述了人类的生命，总体上来讲，并不如我们想象的那么美好。我们把大部分的人生耗费在了无法满足的欲望当中，多数人能够达成的偶发性满足并不足以抵消这些持续的消极状态。如果我们认为这是一种可以忍受的状态，在贝纳塔尔的观点中，这是因为我们是乐观主义幻象的受害者。由于这种幻象帮助我们的祖先生存了下去，它可能已经随之进化了，但是幻象终究是幻象。如果我们客观地审视我们的人生，我们会发现它们不应当被强加在任何人身上。

有一个思想实验可以验证我们对于这个观点的态度。多数有思想的人们会非常关注气候变化问题。有些人为了降低碳排放不吃肉也不出国度假。但是真正会受到气候变化严重影响的人群，实际上还没有出生。如果我们后继无人，那么我们的愧疚感就会减弱很多。

那么为什么不让我们成为这个地球上后无来者的一代人呢？如果我们所有人都同意绝育，那么就无所谓任何牺牲了——我们可以尽情狂欢直到灭绝！

当然，要让全世界的人都绝育那是不可能的。但是仅仅设想一下我们可以做到，那么这样的场景会不会有什么不对劲？即使我们对于人类存在的观点不像贝纳塔尔那么悲观，我们依旧可以支持这个做法，因为这让我们过得更好——我们至少规避了我们对未来世代所作所为的负罪感，而且这并不会让任何人过得更差，因为过得更差的人不会存在了。

有人类的世界会比没有人类的世界更好吗？不考虑我们对其他物种的所作所为——那是另外一个问题了。我们假设两个选项，一个是我们当下的世界，一个是没有众生的世界。我们还需要假设——这里我们需要像哲学家那样虚构一下，如果我们选择没有众生的世界，所有人也都会做出同样的选择。没有人的权利被侵犯，至少没有现存的人的权利被侵犯。不存在的人有权利要求存在吗？

我认为选择没有众生的世界是错误的。在我的判断当中，对于大多数人来说，人生是值得的。尽管现在尚未实现，但我仍然是一个十足的乐观主义者，相信人类在进一步存续一到两个世纪之后，我们会从我们过去的错误中吸取教训，并且将会进入一个没有现在这么多苦难的世界。但是要让这个选择合理化，就迫使我们重新思考我在一开始提出的深刻问题：人生值得吗？孩子的利益是否构成将孩子带到这个世界上来的理由？以及，在我们现有的认知下，人类物种的延续必然会将苦难带给未来无辜的人类，那么我们这个物种的延续是否合理？

来自《纽约时报》，2010年6月6日

高处不胜寒的哲学

去年①，哈佛大学的一份报告给我们敲响了警钟。这份报告显示，全美获得人文学科学士学位的学生比例从 14%跌落到了 7%。即便是像哈佛这样的精英高校，也面临着类似的缩减。此外，这一缩减在近年来更加显著。在这篇文章当中，我将重点谈一谈人文学科的危机。

我对人文学科的整体了解不够，无法回答为什么入学率会降低。可能一些人文学科并不那么显而易见地能够让求学者获得一份优质的对口职业，或者说根本无法提供任何对口的职业。可能某些学科不能与其自有体系之外的人交流它们是做什么的，以及为什么去做这些。甚至于，难听点说，这已经并不是一个交流的问题了：可能某些人文学科确实已经变得与我们生活着的这个激荡和急速变化的世界不那么相关了。

我叙述这些可能性的时候，并不带有任何的评判。然而，据我所知，我所属的学科——哲学，从实践意义上来讲，伦理学，对我们面对的最紧迫的论题做出了至关重要的贡献。

①2013 年。——译者注。

我是一个哲学家，因此你有理由怀疑我的观点存在偏见。幸运的是，我可以采用一家瑞士智库——戈特利布·杜特韦勒研究所（Gottlieb Duttweiler Institute，下称GDI）的独立报告，来佐证我的主张。

GDI 最近公布了 2013 年“全球思想领袖”的百强榜单。榜单当中包含经济学家、心理学家、作家、政治科学家、物理学家、人类学家、信息科学家、生物学家、企业家、神学家、医学家及其他学科杰出人物。但是前五位全球思想家中有三位是哲学家：斯拉沃热·齐泽克（Slavoj Žižek）、丹尼尔·丹尼特（Daniel Dennett）和我。GDI 将第四名尤尔根·哈贝马斯（Jürgen Habermas）归类为社会学家，然而报告中也承认，实际上他也可以被认为是一个哲学家。

“全球思想领袖”前五名当中唯一一个与哲学无关的人是阿尔·戈尔。在百强当中，经济学家的数量超过了其他每一个单个学科入选人的数量。但是，经济学家中排名最高的尼古拉斯·斯特恩（Nicholas Stern）仅整体排名第十名。

世界上最具有影响力的五位思想家中的四位来自人文学科，其中三位或者四位是哲学家，这是真实的吗？为了回答这个问题，我们必须质问 GDI 在做出“全球思想领袖”排名时所依据的标准。

GDI 致力于寻找“让整个全球信息圈产生共鸣的思想家和思想”。这个信息圈的数据可能来源于全球，但仅仅局限于英语社会，这就能够解释为什么在百强中没有中国思想家出现。他们的人选有三个适格的标准：主业是思想家，有超出自身学科的知名度，并且有影响力。

这个排名是多重标准的混合体，包含了思想家在油管和推特（Twitter）① 上被观看和关注的程度，以及在博客和维基世界（Wikisphere）② 上其特征的重要程度。最后的结果显示了每一位思想家跨越国界和学科的关联力，并且排名选择了讨论度最高且引起广泛辩论的那些思想家。

这一排名毫无疑问每年都会有变动。但是我们还是要承认，在 2013 年，少数的哲学家对于思想界有特别的影响力。

雅典领袖认为苏格拉底的所作所为足以以“荼毒青年”的罪名被处死，这应当不是什么新闻。同理，对于懂得利用熟悉的成功方式将哲学家带入更广阔的市场的人来说，这也应该不是什么新奇的事情。

典型的例子是《时下哲学》（*Philosophy Now*）杂志及其他语言的类似刊物。哲学迷（*Philosophy Bites*）播客、各类博客及在线免费课程，这些都能够吸引成千上万的学生。

可能人们对于反思宇宙和人生话题的兴趣日益增长，缘于这样一个事实：地球上至少十亿人口的温饱和人身

---

①美国的社交平台网站。——译者注。

②基于维基技术构建的社交网络的总称。——译者注。

安全问题已经得到了基本解决。这就引起了我们对于人生还有什么需求及是否应当有这样需求的追问，而这些也是许多哲学探索分支的起点。

钻研哲学——我指的是思考而且去讨论哲学，而非仅仅被动地阅读，提升了我们批判性说理的能力，并且让我们整装待发地面对这个急速变化世界中的各种挑战。可能这就是现在许多雇主非常希望能够雇用在哲学课上有优异表现的毕业生的原因吧。

较之钻研哲学对于整体说理能力的提升，更令人惊讶，可能甚至更明显的是，学习哲学课程对一个人人生的改变。在我自身的经验中，我知道有学生学习哲学课程之后变成了素食主义者，选择了能让他们把一半的收入捐助给慈善事业的工作，甚至给陌生人捐赠了一个肾脏。有多少其他的学科可以大言不惭地说改变了学习者的人生呢？

来自报业辛迪加，2014 年 4 月 9 日

第二编：论动物

欧洲的伦理之蛋

40年前，我和几位学生站在牛津的一条繁华街道上发放传单，反对使用电池笼饲养母鸡。大多数拿了传单的人并不知道，生产他们所吃鸡蛋的母鸡，生活在那样小的笼子当中。这样的小笼子通常要装4只母鸡，以至于每一只母鸡都无法完全伸展和拍动翅膀。这些母鸡不能自由地走动，或者在单独的窝里下蛋。

许多人赞许了我们青春蓬勃的理想主义，但是也告诉了我们，我们是没有可能去改变这种大规模工业化生产的。后来事实证明，他们是错的。

2012年的第一天，在这样的鸡笼里饲养母鸡被宣告违法，这一宣告不仅仅是在英国，而且波及所有的27个欧盟国家。母鸡依然可以笼养，但是必须给它们提供足够的空间，笼子里必须有鸡窝盒子及一个抓板。上个月，英国母鸡福利信托基金（British Hen Welfare Trust）的成员们为一只母鸡提供了一个新家，并且起名为“自由”。他们表示，这只母鸡是英国还生活在我们所反对的那种鸡笼里的最后一批母鸡中的一只。

在20世纪70年代前期，当代动物自由运动兴起，并没有任何一家组织发起反对电池笼的运动。英国防止虐待动物协会（Royal Society for the Prevention of Cruelty to Animals），作为所有动物保护组织的先驱，很早之前就已经失去激进的态度。它专注于单个的虐待案件，但是不能改变在农场和实验室已经建立起来的动物虐待方式。20 世纪 70 年代，在新的动物保护激进者齐心协力的促使下，英国防止虐待动物协会一改对于电池笼及其他形式动物密集饲养置之不理的态度。

最终，新的动物权利运动被推向了更加广大的公众面前。消费者通过购买散养鸡鸡蛋来对这场运动加以回应。一些连锁超市甚至停止销售产自电池笼的鸡蛋。

在英国和其他一些欧盟国家，动物福利变得具有政治重要性，加诸在议会代表身上的压力也增加了。欧盟成立了一个科学委员会去调查农场的动物福利问题，并且这个委员会也建议禁止使用电池笼，以及对于肉猪和肉牛的其他形式的密集饲养。欧盟禁止使用电池笼的命令最终在 1999 年被采纳，但是为了保证生产者有足够的时间去逐步淘汰他们所投资的设备，这项禁令的施行被延后到了 2012 年 1 月 1 日。

值得称赞的是，英国的鸡蛋行业接受了现状，并且发展出了一套全新的、相对人性化的方法来饲养母鸡。然而，并不是所有的国家都同样做好了准备。据估算，还有 8 千万只母鸡依然生活在非法的电池笼当中。但是至少 3 亿只原本应在标准电池笼中痛苦生活的母鸡，现在获得了更好的生存环境。并且欧盟机构在各个地方都面临着推广这项禁令的巨大压力——尤其是来自已经遵守禁令的鸡蛋生产者的压力。

随着电池笼被禁止，欧洲确立了其在动物福利方面世界领跑者的地位，这一地位同样反映在了欧洲限制使用动物进行化妆品实验方面。但是为什么欧洲相比于其他国家，在关注动物方面如此领先呢？

在美国，没有规定关于鸡蛋生产者如何饲养母鸡的联邦法律。但是，在2008年这个问题被摆到了加州投票者面前时，他们以压倒性优势支持了一项议案，要求所有农场动物有足够的空间伸展它们的四肢，并且有足够的空间转身，而不会碰到别的动物或者笼子边角。这就说明了问题并不在于美国公民的态度。在联邦层面上，美国的政治体系给了拥有大量竞选资金的工业企业太多的权力，从而阻挠了大多数民众的意愿。

中国和美国一样，圈养了大量的笼养母鸡。在中国，一场动物福利运动才刚刚出现。为了上百亿的农场动物的福利考虑，我们应当祝愿这样的运动快速发展并取得成功。

今年①年初是一个庆祝动物福利取得巨大进步的时刻。对欧洲来讲，是朝着文明和人性化社会前进的一步——人们开始关注其他物种所遭受的苦难。这同样也是一个庆祝民主的效率及伦理思想力量的事件。

---

①2012年。——译者注。

人类学家玛格丽特·米德[①]说过："不要质疑一小群有思想的坚定的公民会改变这个世界。实际上，这是一直以来唯一改变世界的途径。"这句话的后半段可能并不正确，但是前半段说的绝对是真话。在欧洲淘汰电池笼，相对于阿拉伯之春来说，并不是那么激进的变化，但是就像人民起义那样，这是由一小群有思想的坚定的人们发起的。

来自报业辛迪加，2012 年 1 月 17 日

①玛格丽特·米德（Margaret Mead，1901—1978），美国人类学家。——译者注。

如果鱼儿会尖叫

当我还是个孩子的时候，我的父亲时常带着我沿着河道或者海边散步。我们会经过垂钓的人们，有时可能还会看到他们收线时挂在渔线尾端的鱼儿拼命挣扎。我曾经见到一个人从桶里拿出了一条仍然在扭动的很小的鱼，将它挂在了鱼钩上作为诱饵。

还有一次，当我们从一条平静的小溪边经过时，我看见一个人静坐着看他的渔线，似乎和整个世界归于寂静。而在他的身边，已经被抓住的鱼儿无助地挣扎和喘息。我的父亲告诉我，他不能理解，为什么有人愿意花一个下午将鱼儿从水中捞出来，看着他们慢慢死掉，并以此为乐。

在我阅读《海上厄事：野生鱼类的权利》（*Worse Things Happen at Sea*：*The Welfare of Wild-Caught Fish*，目前本书无中文译本，标题为译者翻译）的时候，童年的回忆喷薄而出。这份材料是上个月刚在“为鱼发声”网站（fishcount.org.uk）上公开的突破性报告。世界上大多数人都认可，如果动物是作为食物被杀害的话，它们应当无痛苦地赴死。有关屠宰的规定通常会要求动物在被杀掉之前应当立即失去意识，或者宰杀应该迅速地进行，或者在祭祀的场合下，要在宗教教义允许的范围内尽可能地迅速宰杀。

但是，鱼并不包含在这些规定之内。被捕捞和杀掉的海洋野生鱼类，在更多的情况下是饲养的鱼类，对于它们并没有任何人道屠宰的要求。拖网渔船用网捕获的鱼被扔到了甲板上，然后窒息而死。有一种商业捕鱼技术叫作延绳钓鱼，拖网渔船放出的钓线长达 50—100 公里，其上拴有成千上万个带饵的鱼钩。鱼咬到了鱼饵之后，在收线之前，它们可能意识清醒地悬挂在刺穿鱼吻的鱼钩上数个小时。

同样地，商业捕鱼经常会依赖于刺网——由细目网组成网墙，通常通过擒住鱼鳃而将鱼困住。鱼可能会在网里窒息而死，因为它们的鳃部被扼住，从而不能呼吸。即使没有窒息，它们也会在收网前被困数小时。

然而，报告所揭露更令人吃惊的事实是，人类通过这种方式杀死了巨大数量的鱼群。这份报告的作者艾莉森·穆德（Alison Mood）利用所报道的各种鱼类捕获量吨数，除以每一种鱼类的估算平均重量，就得出了可能是有史以来第一个对全球年度野生鱼类捕获量的系统估算。根据她的估算，数量级为 10 000 亿条，尽管实际的数目可能高达 27 000 亿条。

更确切地说，联合国粮农组织估算，每年出于人类消费目的被宰杀的陆生脊椎动物大约有 600 亿只——相当于全球每人每年消费 9 只动物。如果我们采用穆德保守估算的 10 000 亿条，那么鱼类的年人均消费量约为 150 条。这还不包括上百亿非法捕捞及因意外被捕捞和丢弃的鱼，而且也没有计算在延绳钓鱼时被挂在鱼钩上作为鱼饵的活鱼。

许多鱼是被间接消耗掉的——它们被绞碎后作为工业农场中鸡和鱼的食物。一个典型的三文鱼养殖场每生产一公斤三文鱼就需要消耗掉三到四公斤的野生鱼。

尽管事实并非如此，但是我们假设这样的渔业是可持续的，随后我们就可以心安理得地相信，如此大规模地杀死鱼类并不要紧，因为鱼类本身并没有痛感。但是，鱼类的神经系统和禽类以及哺乳动物十分相似，可以肯定，它们对疼痛是有感知的。如果鱼类遭遇到了其他动物会感受到疼痛的事情，那它们也会因为疼痛有所表现，且这种表现上的变化会持续几小时（说鱼类的记忆很短暂是荒谬的）。鱼类知道去避免像电击这样不好的事情。反之，止痛药对于疼痛症状的减轻，在鱼类身上也同样有体现。

宾夕法尼亚州立大学（Pennsylvania State University）的渔业和生物学教授维多利亚·布雷斯韦特（Victoria Braithwaite）较之其他科学家可能在研究这个问题上花了更多的时间。她最近的著作《鱼类有痛感吗?》（*Do Fish Feel Pain*? 目前本书无中文译本，标题为译者翻译）阐述了鱼类不仅有痛感，而且比人类想象的更加灵敏。去年，欧盟的一个科学小组得出结论，有压倒性的证据证明，鱼类确实是有痛感的。

为什么鱼类成了人类餐盘中被遗忘的受害者？难道是因为它们冷血且覆满鳞片？难道是因为它们不能因疼痛而发声？不管怎么解释，越来越多的证据已经显示，商业捕鱼已经强加给鱼类巨大的痛苦。我们需要学着如何人道地捕捞和宰杀野生鱼类——或者说，如果不可能，至少要找到不那么残忍且更可持续的替代食物。

来自报业辛迪加，2010 年 9 月 13 日

反对捕鲸是文化偏见吗？

三十年前，澳大利亚渔船在政府的放任下，对澳洲西海岸的抹香鲸进行了捕杀。上个月①，澳大利亚主导了针对日本计划捕杀五十头座头鲸的国际抗议活动，日本迫于压力宣布将该计划中止一到两年。公众有关捕鲸的观点变化非常具有戏剧性，而且这种变化的发生也不仅仅局限于澳大利亚。

绿色和平组织（Greenpeace）是最早抗议澳大利亚捕鲸行为的。政府指派了退休法官悉尼·弗罗斯特（Sydney Frost）领衔捕鲸调查。作为一个有关怀的澳大利亚人和一位研究动物伦理的哲学教授，我提交了一份意见书。

我不会主张因为鲸鱼濒危所以我们要停止捕鲸。我知道有很多专业的生态学家和海洋生物学家会提出这个主张。我将代之以主张鲸鱼是社会性的哺乳动物，它们脑容量大，有享受生命的能力，并且有痛感——不仅仅是有肉体上的痛感，而且很有可能在失去团体中的一员时会有悲痛感。鲸鱼不能够被人道地捕杀，因为它们体

①2007 年 12 月。——译者注。

积过大，即便是使用爆炸鱼叉，也很难将鲸鱼一击毙命。而且，捕鲸者也不愿意大量使用爆炸鱼叉，因为这很有可能将鲸鱼炸成碎片，捕鲸获利主要在于珍贵的鲸油或者鲸鱼的肉。因此，被鱼叉捕获的鲸鱼通常会缓慢而痛苦地死去。

这些事实对捕鲸业提出了一个巨大的伦理问题。如果存在一个生死存亡的需求，使得人们不得不捕杀鲸鱼，那么或许就能有足够的道德理由去捕杀鲸鱼。但是并没有任何重要的人类需求需要我们一定要捕杀鲸鱼。所有我们能从鲸鱼身上获得的，都可以通过不那么残忍的手段来得到。在没有极度重要的理由时，导致无辜的生灵承受苦难，这样的做法是错误的，因而捕鲸也是不道德的。

弗罗斯特同意这个观点。他说捕杀鲸鱼的手段毫无疑问是不人道的——他甚至将这些手段描述为“最残暴的”。他也提到了“真正可能的是，我们正在与一种拥有非常发达的大脑和高度智慧的生物打交道”。他建议停止捕鲸，在总理马尔科姆·弗雷泽（Malcolm Fraser）领导下的保守党政府接受了弗罗斯特的建议。澳大利亚迅速变成了一个反对捕鲸的国家。

尽管捕杀座头鲸的计划被取消了，但是日本捕鲸船仍将捕杀大约 1000 头其他种类的鲸鱼，其中大部分是体积较小的小须鲸。日本以“研究”为名合理化自己的捕鲸行为，因为在国际捕鲸委员会的规则下，成员国可以出于研究的目的捕杀鲸鱼。但是这样的研究似乎是要为重新开始商业捕鲸建立科学的依据。如果捕鲸本身是不道德的，那么这样的研究本身就是既不必要也不道德的。

日本方面表示，他们想冷静地讨论捕鲸问题，这一讨论要建立在科学证据而非“情感”的基础上。他们认为有证据显示，座头鲸的数量已经增加到捕杀 50 头也并不会给这个物种带来危险的程度了。从这个狭义的层面上来讲，他们可能是对的。但是没有任何一种科学会告诉我们是否要去捕杀鲸鱼。“情感”是日本人渴求继续捕杀鲸鱼背后的原因，也是环保主义者反对捕杀鲸鱼背后的原因。食用鲸鱼对日本人的健康和营养来说并不是必要的。但捕鲸是他们希望延续的传统，大概因为还有一些日本人对其存在情感上的羁绊。

日本人确实有一个不那么容易被驳倒的论点。他们主张西方国家反对日本捕鱼，是因为鲸鱼之于西方人是一种特别的动物，就像奶牛之于印度教教徒。日本人认为西方国家不应该将自己的文化信念强加给他们。

对于这一论点最佳的回应是，给有情众生带来不必要的痛苦是错误的，这个观点并不是特定文化下的价值。举个例子，这个观点是日本主流伦理道德传统——佛教下的第一戒律，但西方国家在做出这种回应时是处于弱势的，因为他们自己就给动物带来了许多不必要的痛苦。澳大利亚政府对于捕鲸持强烈反对态度，却允许每年屠杀成百上千万只袋鼠，这种屠杀给动物带来了极大的痛苦。其他国家不同形式的狩猎同样如此，更不用提工业养殖场给动物带来的极大痛苦了。

捕鲸应当停止，因为它将痛苦带给了有社会性、有智慧、能够享受生命的动物。但是面对日本提出的文化偏见指控，西方国家无力辩驳，除非有一天他们为减少他们自己国家动物的不必要痛苦做出了更多的努力。

来自报业辛迪加，2008年1月14日

素食主义的榜样

我们可以为我们对动物的所作所为辩护吗？基督教徒、犹太教徒和穆斯林可能会将他们对动物的统治诉诸宗教经典。一旦我们从宗教的视角移开，在没有预设动物是为了我们的利益而创造的，以及我们对它们的处置是神之委任时，我们就必须面对“动物问题”。如果我们只是地球上众多进化后的物种之一，如果上百亿的其他非人类物种同样有痛苦，懂得享受它们的生命，那么我们的利益较之他们的利益更重要吗？

在我们对动物产生影响的种种方式当中，最需要解释的就是把它们作为食物来饲养。受此影响的动物比受其他人类活动影响的动物要多得多。仅在美国，每年出于食用目的饲养并屠宰的动物数量现在已经接近100亿了。[①] 严格来讲，这些都是不必要的。在发达国家，我们可选择的食物范围十分广泛，没有人必须要吃肉。许多研究表明，我们可以在不吃肉的情况下，健康地甚至更加健康地生活。我们也可以在全素膳食下生活得很好，

①意外的是，美国饲养动物的屠宰量在这篇文章写作的时候达到了巅峰，随后这个数字回落到了91亿。

完全不消费任何动物制品。（维他命 B12 是唯一无法从植物膳食中获得的必要营养元素，但是从一些来源于植物的补充剂当中还是很容易获取的。）

如果问人们，食用动物最大的伦理问题是什么，大多数人的答案可能是屠宰。这当然确实是一个问题，但是至少就现代工业动物养殖所关注的，有更加直接的问题。尽管出于我们喜欢吃这些动物肉的原因去屠杀它们并没有什么错，但是我们仍然间接地将这种支持了持续性的痛苦强加给了动物的农业体系。

肉鸡被养殖在有超过 2 万只鸡的鸡棚里。从它们积累的排泄物当中产生的氨气，刺激着它们的眼睛也灼伤了它们的肺部。现在喂养的小鸡只求尽快长肉，结果就是它们能够在 42 天内长到足以上市的重量，然而它们没有长成的骨骼却无法承载身体的重量。有一些小鸡瘫痪了，随后无法够到食物和水，于是很快就死掉了，它们的命运和作为整体的企业经济并不相干。捕捉、运输和屠宰都是残忍的过程，经济刺激这一切加速，而小鸡们的福利在其中一点也不重要。

蛋鸡被塞进了非常狭小的钢丝笼中，这样的鸡笼里即便只有 1 只鸡，它也不能够伸展翅膀。但是通常这样一个鸡笼里要被塞进 4 只母鸡，甚至是更多。在这样拥挤的环境当中，更有攻击性的母鸡通常会啄咬笼子里更羸弱的母鸡，而被啄咬的那一只无处可逃。在这样拥挤的环境当中，更占主导性和有攻击性的母鸡很有可能会将笼子里更羸弱的母鸡啄咬至死。为了避免这一情况的发生，饲养者用烧红的利刃将所有母鸡的鸡嘴切割掉。母鸡的鸡嘴布满了各种神经组织——这是它与它所在的环境发生联系的主要手段，但是在切割的过程当中没有使用任何麻醉剂和止痛剂来缓解母鸡的痛苦。

猪可能是我们通常能够吃到的最聪明和敏感的动物了。在如今的工业养殖场，怀孕的母猪被关在了非常狭窄的板条箱当中，以至于它们都不能够转身，甚至往前或往后移动一步。它们躺在赤裸的水泥地上，没有任何的稻草或者其他的垫子。它们在生产之前，没有任何能够满足它们筑巢天性的措施。仔猪在出生之后很快就会被从母猪身边带走，那样母猪又可以再次怀孕。但是这些仔猪还是会被养在狭窄的小室内，躺在赤裸的水泥地上，直至被送到屠宰场。

肉牛在它们生命的最后 6 个月里是生活在饲养场中的，它们生存在裸露着污物的环境里，吃着不好消化的谷物，被喂食类固醇以便长出更多的肌肉，并食用维持它们生命的抗生素。它们在夏天的烈日下没有阴凉，在冬天的暴雪里也没有遮挡。

但是，你可能会问，牛奶和其他奶制品又有什么问题呢？奶牛在草地牧场里吃草，难道不是生活得很好吗？我们并不需要屠宰它们就可以获得牛奶。然而，大多数的奶牛现在是被养在室内的，并没有机会接近牧场。和人类女性一样，它们需要近期生育才能够产奶，因此奶牛每年都会怀孕。牛犊会在出生后的数小时被从它的母亲身边带走，因此它也喝不到为人类准备的牛奶。如果牛犊是公牛，那么它很快就会被杀掉，或者作为肉牛饲养，或者被做成汉堡牛肉饼。母牛和牛犊之间的联结是很深的，母牛在小牛犊被带走之后，会接连数天一直不停地呼唤着小牛犊。

在我们对待动物方式的伦理道德问题之外，现在有一个更加有力的观点支持素食膳食。自从弗朗西斯·摩尔·拉佩（Frances Moore Lappé）在 1971 年出版了《为小行星节食》（*Diet for a Small Planet*，目前本书无中文译本，标题为译者翻译）一书，我们就了解了当代工业动物养殖的极度浪费。养猪场每生产 1 磅的去骨肉需要消耗掉 6 磅的谷物。而如果饲养场饲养的是肉牛，这个比例就可以达到 13：1。即使是产出比最高的工业养殖肉类——鸡，这个比例也达到了 3：1。

拉佩的关注点在食物浪费及与此相关的额外耕地压力，因为人类可以通过直接食用谷物和豆制品来果腹，并且占用更少的土地。当下的全球变暖让问题变得更加尖锐。大多数美国人认为，要减少个人对全球变暖的影响，最好的办法就是把他们的家庭汽车换成一辆节能的混合动力车，比如丰田普锐斯。芝加哥大学的研究员基顿·艾谢尔（Gidon Eshel）和帕梅拉·玛汀（Pamela Martin）计算过，虽然上述方式确实可以让每一位司机的碳排放量减少约 1 吨，但是如果将美式食谱转换为素食膳食，那么可以减少几乎相当于人均 1.5 吨的碳排放。相比于食用动物制品的人们，素食者对气候的负面影响明显要小得多。①

食用动物制品有什么符合伦理道德的方式吗？答案可能是，在对待动物不要那么残忍、让它们吃草而不是吃谷物和豆子的前提下获得的肉、蛋、奶制品是可以的。将我们消费的动物制品控制在这些来源当中，同样也可以减少一些温室气体的排放，即便在草地上的奶牛会排放相当数量导致全球变暖的甲烷。因此，如果在伦理道德上对于屠宰动物没有严格的反对，只要这些动物有好的生活，那么选择性地挑选你所食用的动物制品，将提供一个在道德上说得通的食谱。然而，我们必须关注，所谓“有机”实际上很少提及动物福利，而且非笼养的母鸡可能依然被关在拥挤的大型鸡棚当中。做一位素食主义者是一个简单的选择，是为其他人树立明确榜样的方式。

来自《自由探索》，2007 年 4/5 月

①Gidon Eshel and Pamela Martin, "Diet, Energy, and Global Warming," *Earth Interactions*, April 1, 2006: 1—17.

想一想火鸡：感恩节的思考

在我讲授应用伦理学的时候，我鼓励学生们将我们讨论的一些观点带出教室，和他们的朋友家人一起讨论。对于美国人来说，在讨论我们所吃食物的伦理问题时，没有比感恩节更合适的场合了。因为在感恩节，家人会聚在一起吃团圆饭。带着这样的想法，我在课程中安排了这样的主题，于是就在感恩节前夕，我们提起了食物和伦理的问题。

感恩节晚宴传统的主题餐品是火鸡，这显然是一个可以开始讨论的地方。根据全国火鸡联合会（National Turkey Federation）的数据，每年因感恩节被屠宰的火鸡大约有 4600 万只，占美国人每年食用的 3 亿只火鸡中的很大一部分。其中绝大多数——至少 99%，是在工业养殖场中饲养的。从各个角度来说，它们的生活和其他工业养殖场的鸡是类似的。新孵化的火鸡被养在孵化器当中，然后在它们被送到工厂饲养之前，就像普通的鸡一样会被割掉鸡嘴，同时它们的爪子也会被切掉。而对于公火鸡来说，它们的肉垂——就是公火鸡前额长出来的隆起肉结，也会被割掉。显然切割会带来痛苦，更别说所有这些都是在没有麻醉的情况下进行的了。比如说鸡嘴，它并不仅仅是像指甲那样的角质物质。鸡嘴中布满了神经，从而可以让自然状态的火鸡在地上啄食，并区分食物和非食物。

把这些器官切割掉的原因是这些火鸡都生活在昏暗、通风很差的棚子里。它们在余生当中会和成千上万的其他同类拥挤地生活在一起。空气中充斥着火鸡排泄物产生氨气的臭味。在火鸡在鸡棚里生活的四五个月里，这些排泄物会一直堆积在那里。在这样不自然且充斥着压力的环境下，火鸡可能会啄咬抓挠其他的同伴，会发生同类相食的情况。肉垂被割掉是因为它通常是被别的火鸡啄咬的对象。

当火鸡达到了可以上市的标准之后，它们的饮食就会被撤走，它们也会被围捕，通常以很粗鲁的手段赶拢在一起（暗中拍摄的视频显示火鸡被挑选出来，然后扔进运输用的板条箱中），随后运输到屠宰场去。每年，上百万只火鸡甚至等不及到达屠宰场就在运输过程当中因压力而死掉。如果它们到达了屠宰场，和普通的鸡一样，它们仍然不能保证被人道宰杀，因为美国农业部解释，《人道屠宰法》（*Humane Slaughter Act*）并不适用于禽类。

火鸡和其他鸡的不同在于，人们会选择刻意去增加火鸡胸脯的肉量，因为人们认为作为食物来说，火鸡胸脯肉是最好吃的部位。这样的选择过程已经达到了一个过分的程度。美国的标准火鸡，也就是被直白地称为宽胸白（Broad Breasted White）的品种，已经因为雄性火鸡胸脯过大无法进行交配了。我告诉我的学生们，这是一个会让感恩节餐桌上的对话陷入沉默的有趣问题——你可以指着桌子上的火鸡问：如果火鸡不能够交配，那么火鸡生产怎么继续下去呢？

几年前，我和吉姆·梅森（Jim Mason）合写了《食物的伦理》（*The Ethics of What We Eat*，目前本书无中文译本，标题为译者翻译）一书。吉姆在密苏里州的农场里长大。他决定去看一下上亿只丧失性功能的火鸡是如何生产出来的。吉姆看到了一家叫作黄油球（Butterball）的工业化火鸡生产和加工商，他们正在招聘在密苏里州迦太基工作的人工授精员。这项工作不要求之前有相关的工作经验。吉姆通过了体检并投入了工作。他的第一个任务就是抓住雄性火鸡的腿，然后把它们倒放，好让另外一个工人取精。当精液流出来的时候，取精的工人会用真空泵将精液收集到注射器当中。这一过程会在火鸡中一个接一个地循环进行，直到火鸡的精液被某种混合物稀释后充满了整个注射器。然后这支注射器会被拿到母鸡养殖场去。

吉姆在母鸡养殖场也有一份轮班的工作，这份工作甚至比在公鸡养殖场的更加糟糕。以下是他的一些记述：

> 你抓着一只母鸡的腿，试着将两个“脚脖子”交叉起来，以便可以用一只手抓住它的两只腿脚。

> 母鸡重达20—30磅，惊恐万分，它们拍打着翅膀，恐惧地挣扎着。一年多来，它们每周都要经历这样的事情，而它们自身并不乐意。一旦你单手抓住了它，你要在坑位边缘把它扑倒，让其胸脯朝前，尾巴尖翘起。你要把另一只手穿过它的肛门和尾巴，将鸡屁股和尾巴毛拽上去。同时，你要把抓住鸡爪的手向下拉，这样就可以把母鸡“分开”，然后它的臀部会翘起来，肛门也会打开。人工授精员会将他的拇指放在肛门下方，然后按住，这样就可以让肛门更加打开，直到输卵管末端裸露出来。他会将一个输送精液的导管塞进去，导管连接着一个气泵试管的尾部，然后按下启动开关，释放出一管压缩空气，将精液从导管中挤到母鸡的输卵管中。随后你就可以放下母鸡，让它自己跑走。

吉姆每12秒要“分开”一只母鸡，每小时300只，每天工作10个小时。他需要躲闪受惊吓的鸡喷出的粪便，还要忍受工头在他没有跟上节奏时潮水般的谩骂。他告诉我，这是他“从事过的最难、最快、最脏、最恶心、报酬最低的工作”。

回到感恩节的餐桌上。现在家人们都知道餐盘里的火鸡是怎么来的了，以及它经历了怎样的生与死。我建议学生们就这样对待动物的方式是否道德的问题提出自己的看法。如果答案是否定的，那么在明年的感恩节当中，有一些事情就需要发生改变。因为我们购买工业化生产火鸡的意愿，是火鸡养殖工业继续以这种不尊重动物利益的方式对待火鸡的唯一动机。

其实我们的餐桌上可以有其他的选择。那种能够自然繁殖，在农场里长大并且没有肢体损害的土生火鸡，每一磅肉的价格差不多是工业饲养场火鸡的四倍。然而你至少知道这些火鸡有着不错的生活，这样的话你会不会选择去买这种土生火鸡？有人指控那些在户外人道条件下饲养几百只火鸡，但销售数倍于此的火鸡生产者有欺诈行为，其中大多数火鸡从不外出。如果你真的想要确保你买到的火鸡是饲养在户外的，你确实需要在此前做一些功课确认生产者的诚信状况。

当然，还有另外一种选择，就是选择以果蔬为主的感恩节晚餐。这样不仅能够避免成为虐待动物的共犯，同时也对环境、对自身更加有益。在《纽约时报》的主页搜索“素食者感恩节”，你会发现许多美味的适合这种场合的当季食谱。如果你不想做饭，你也可以选择购买代替火鸡的素鸡。

人们可能会说火鸡是感恩节的传统。事实上，新移民们是否在 1621 年的第一个感恩节吃野生火鸡，这件事情是不清楚的。但是有一件事情是确认的：他们吃的不是工业养殖场生产的宽胸白火鸡。

本文此前未发表

人造肉

80 年前，温斯顿·丘吉尔（Winston Churchill）期待看到有一天“我们可以避免为了吃鸡胸和鸡翅而饲养一整只鸡的荒谬行为，这些部位可以在一个适合的地方单独培养”。丘吉尔认为实现这个设想只需要 50 年。尽管我们至今还没有达到这样的技术，但是我们已经在实现丘吉尔这一设想的道路上达成了一个里程碑：人造肉的首次公开品尝。

这个历史性事件背后的科学家是来自荷兰马斯特里赫特大学（University of Maastricht）的马克·波斯特（Mark Post）博士。其中的想法是很简单的：从一头牛身上取出一些肌肉组织，并且将其放进营养液中培养。这些组织依然会增殖，最终我们得到的产物是真正的肉，从每一个细胞的意义上来讲都是。然而，这在实践上仍然有许多的障碍需要克服。我们甚至连制造鸡胸或者一块牛排的边缘都没有碰到。第一个目标是制造汉堡肉，并且这周的品尝会的目的就是来阐释这件事情的可能性。汉堡肉是由真实的牛肉肌肉组织组成的，但是却不是消化食物时会喷出甲烷，且任人鱼肉的那种牛身上的任何一部分。

牛肉制造商们会失业吗？可能最终是会的，但现在还没有。目前，制造一块可供品尝的人造汉堡肉的价格超过了 20 万英镑。

当然，一旦研究者们找到了克服初始障碍的方式，人造肉和动物肉相比没有理由在价格上没有优势。当下市场上售卖的多数动物肉是用谷物和大豆饲养的。人们需要种植这些粮食然后运送给动物食用，它们食物中的一部分营养会变成骨头和其他我们不会吃的身体器官。从营养物质到肉制品的直接转换，应该是节约大量资源的一种方式。

如果成本合理，用人造肉取代动物肉实际上有着重要的伦理原因。首先，这可以减少动物承受的痛苦。安娜·休厄尔①在《黑骏马》（*Black Beauty*）中用感人的笔触描写了强加在马匹身上的痛苦，而这些痛苦最终为高效的内燃机所解除。所以，在当下工业养殖场中上百亿动物所承受的巨大痛苦，也是可以因更加有效的肉制品生产方式而解除的。

只有铁石心肠的人才不会为这样的结果叫好。但是这并不仅仅是一个情绪上的回应。在讨论关于对待动物的伦理问题的哲学家当中，一个重要的共识就是工业养殖场违反了基本的伦理道德原则，这种原则已经超越了

---

①安娜·休厄尔（Anna Sewell，1820—1878），英国作家。——译者注。

我们人类自身的界限。甚至是像罗杰·斯克鲁顿（Roger Scruton）这种大力支持用猎狗猎杀狐狸的坚定保守派，也曾写道，真正关系动物福利的道德观，应当建立在工业养殖场是错误的前提下。

另一个取代动物肉的理由是环境性的。从动物身上，特别是反刍动物身上，获得肉制品，是加速全球变暖，并且导致未来上亿人成为气候难民的重要因素。畜牧业大量排放甲烷，甲烷是一种反刍动物在消化食物时会释放出的气体，并且是温室气体主要成分。而人造肉不会排放甲烷，且它也不会产生排泄物。于是集约化农场用于处理粪便的大型化粪池也就没有存在必要了。随着这个简单的变化，另外一种导致气候变化的气体氧化亚氮的全球排量会下滑三分之二。

联合国粮农组织已经承认，畜牧业生产导致的温室气体排放已经超出了所有形式的交通工具——包含汽车、卡车、飞机及轮船在内的排放总和。某些统计显示，在存有大量牛羊的国家，畜牧业排放的温室气体占据了整个国家一半的温室气体排放量。如果这些统计是正确的，用清洁能源取代煤炭和其他化石燃料远远不够，我们还需要减少地球上牲畜的数量。

有些素食者和严格的素食主义者可能会反对人造肉，因为他们完全无视肉存在的必要性。这对他们来说其实没有问题，选择成为素食者和严格的素食主义者，并且不吃人造肉也是他们的自由。我个人的观点是，成为素食者和严格的素食主义者本身并不是目的，只是减少人类和动物痛苦的一种手段，并且为未来的世代留下一个更加宜居的星球。我已经 40 年没有吃过肉了，但如果商业化量产的人造肉出现了，我还是很愿意去尝试的。

来自《卫报》，2013 年 8 月 5 日

黑猩猩也是人类

汤米（Tommy）二十六岁了，他一直被单独关在一个铁丝笼子里。他从来没有犯过罪，甚至都未曾被指控过犯罪。他并不在关塔那摩①，而是在格洛弗斯维尔②的北部。

上述的情景为什么会发生？因为汤米是一只黑猩猩。

现在“非人权利项目”（Nonhuman Rights Project）援引了一个古老的法律程序：人身保护令（habeas corpus，“你拥有身体”的拉丁语），意图将监禁汤米的行为诉诸州上诉法院。

此类令状通常是用来让法院考虑拘留囚犯，或关押在精神病院的人是否合法。他们要求法院将汤米送到佛罗里达的一处动物保护区，在那里他可以和其他的黑猩猩一起在一个三英亩的湖心岛上生活。

五位上诉法院法官本月细听了“非人权利项目”的创始人史蒂夫·怀斯（Steve Wise）对于汤米案的陈述。

---

①美国军方于古巴设置的军事监狱。——译者注。

②格洛弗斯维尔（Gloversville），美国地名，位于纽约州。——译者注。

法官问了一些非常敏感的问题，其中一个显而易见的问题就是：难道法律人格不只是为人而存在吗？

怀斯援引了法律先例来证明并不是这样的。在民法当中，具有人格，意味着作为一个实体享有权利。公司也可以成为法人，具有法律人格，当然，一条河流、一本《圣经》、一座清真寺也都是可以的。

法官有权力宣布汤米具有法律人格。这是他们应当去做的事情，而并不仅仅是因为将一个黑猩猩单独监禁非常残忍。认可汤米法律人格的真正理由是，在本来意义和哲学意义对人的定义之下，它就是一个人。

人是什么？我们对于“人”的定义可以追溯到古罗马时期，并且它的定义从来没有局限于人类。早期的基督教神学家曾就三位一体论（Trinity）——上帝是“三个‘人’合一”的，展开辩论。如果“人”仅仅意味着“人类”，那么该教义就明显违反了基督教的信仰，对于基督徒来说，“三位一体”的三“人”中，只有一“人”曾经是人类。

在更接近当代的用法中，在科幻电影里，我们很容易就认可像《外星人 E. T.》（*E. T*）里的外星人，或者是《阿凡达》（*Avatar*）中的纳美人（Na’vi）这样的外来物种是人类，即便他们都不属于智人。

在阅读珍妮·古道尔①和戴安·弗西②等科学家的著作时，我们不难认识到她们所描述的类人猿是“人”。

这些物种和同一族群的其他成员有着亲密而复杂的个体关系。他们会为失去挚爱而感到伤心。他们是有自我意识、能够思考的物种，其先见和预判力让他们的行为有计划性。我们甚至可以从他们对于没有回应善意的同类的态度，肯定他们当中已经有了道德伦理准则的萌芽。

和这个案件中反对者的讽刺漫画相反，承认黑猩猩具有人格，并不意味着要给他/她投票的权利、就学的权利或者起诉诽谤的权利。这仅仅意味着在法律上给了他/她一些根本的、基础的权利，而不是仅仅将他们视为物品。

在过去的三十年里，欧洲的一些实验室认识到了黑猩猩的特殊属性，已经将他们从研究所里放归了自然。目前只有美国还在继续使用黑猩猩进行医药研究，去年，美国国立卫生研究院（National Institutes of Health）宣布，释放几乎所有的用于实验的黑猩猩，并将他们送到动物保护区中。

如果一个国家前沿的医药研究机构已经决定，除了在一些极其特殊的场合下，它不会再使用黑猩猩进行实

①珍妮·古道尔（Jane Goodall，1934—），英国动物学家，以黑猩猩研究及保护闻名。——译者注。

②戴安·弗西（Dian Fossey，1932—1985），美国动物学家，以山地大猩猩研究及保护闻名。——译者注。

验，为什么我们还允许他人以一个并不充分的理由将黑猩猩关押起来呢?

是时候让法院认识到我们对待黑猩猩的方式是站不住脚的了。他们是“人”，我们应当结束对他们的错误监禁。①

来自《纽约每日新闻报》，2014 年 10 月 21 日

①纽约州上诉法院第三审判庭驳回了“非人权利项目”代表汤米的申请，随后，纽约州上诉法院拒绝了上诉的请求。在本书付梓时，该项目正在寻求其他推进本案的途径。

牛的定语

上个月[1]，一头牛从纽约市皇后区的一个屠宰场里逃跑出来。这头牛在繁忙街道上奔跑的视频迅速在许多媒体上传播。对于在意动物保护的人们来说，这个故事结局非常完满：这头牛被抓住之后，送到了动物庇护所，他将在那里度过余生。

然而，对于我来讲，最有意思的是媒体在提到这头牛时所用的语言。《纽约时报》的头条写道："一头逃离纽约屠宰场的牛找到了庇护所。"（"Cow Who Escaped New York Slaughterhouse Finds Sanctuary."）动物保护人士为反对保留英文中定语从句引导词的习惯用法，做了长时间的斗争。英文定语从句引导词习惯用"who"引导针对人的定语从句，用"that"或"which"引导针对动物的定语从句。并非所有的语言都有这样的区分，但是在英文当中，"一头逃跑的牛"（"the cow that escaped"）中的引导词"that"似乎否定了动物的人格。我们都用"who"引导"逃跑的囚犯"（"the prisoner who escaped"），但是会用"that"引导"滚下山的石头"

①2016 年 1 月。——译者注。

（“the rock that rolled down the hill”）。

就此认为《纽约时报》的文章意味着用法上的一次改进，这种论断为时过早。反之，它似乎展示出了一种不确定性，因为这篇文章的第一句话“一头被警察抓住的牛”（“A cow that was captured by police”）就用了“that”做引导词。

我咨询了《纽约时报》的标准编辑菲利普·科比特（Philip Corbett），用“who”来引导牛的定语从句是否意味着一种政策上的改变。他告诉我，《纽约时报》的风格指南和美联社（The Associated Press）的类似，都建议只在中心词是一个有名字或者是人格化的动物的情况下，使用“who”作为定语从句引导词。指南当中给出的例子是“迷路的狗在狂吠”（“The dog，which was lost，howled”），以及对应的例子“迷路的阿德莱德在狂吠”（“Adelaide，who was lost，howled”）。

科比特还说明了，编辑可能会在这两个例子中纠结。这头牛，或者说这头阉牛，在逃跑的时候并没有名字，但是他后来有了一个名字——弗雷迪（Freddie），这个名字是天空之城动物保护救助中心，也就是弗雷迪新家的创始人，麦克·斯图拉（Mike Stura）给他取的。

在报道这一事件的媒体当中，有些使用了“who”，有些使用了“that”。在谷歌（google）上简单搜索一下也显示出了这样混杂的用法。在检索框中输入关键词“cow who”，你可以搜到近 40 万条链接，但是如果输入关键词“cow that”，这个数量会变成近60万条。如果你将关键词“cow”（牛）换成“dog”（狗），两次检索的数量就会更接近了——“dog who”超过800万条，“dog that”大概有1000万条。

出现这样的情况可能是因为关于狗的网页内容大部分是关于宠物的，而宠物是有名字的。但是，如果我们把谷歌搜索结果作为一个指向，鲜有作为宠物的黑猩猩，其后用“who”作为引导词的检索条数，差不多是“that”的两倍。黑猩猩和我们的相似性及其不可否认的个体性，在这个结果当中一定起了作用。在大猩猩和红毛猩猩当中，情况也是如此，使用“who”的情况比“that”要多。

谷歌词频统计器（Google Ngram）将不同年份的印刷资料中词句出现的频率做成了图表，并提供了另一个有趣的角度。在1920年，使用“cow that”是使用“cow who”的10倍，到2000年，这个比例变成了5倍。公司运营的工业化养殖场拥有成千上万头无名的牛，尽管它们已经取代许多家庭经营且经营者认识每一头牛的牧牛农场，但我们似乎将牛更加地拟人化了。

可能更令人惊讶的是，即便在不是宠物，也不是具有个体性的类人猿的情形下，使用“who”作为动物的引导词明显变得更容易令人接受了。我们将罐装金枪鱼和一条单个的鱼联系起来都非常困难，遑论将鱼视为人。但是作家肖恩·托马森（Sean Thomason）最近写道：

“金枪鱼死后被放进了罐头，在我的橱柜的深处放到过期，然后就被我扔掉了。”（“the tuna who died to get put in a can that wound up in the back of my cabinet until past expiration and which I just threw away.”）

许多社会运动承认语言的重要性，因为其反映并加强了需要修正的不公平现象。女权主义者提供了一些证据，认为在性别中立的情况下用“man”和“he”包含女性，会造成女性被忽视。

人们已经提出了一些补正措施，最成功的莫过于在类似于“每个人应当收好他们的随身物品”（“Each person should collect their belongings”）的语境下使用复数第三人称“they”。面向少数种族和残疾人使用的措辞，同样受到挑战，而要跟进让这些群体满意的措辞，是非常困难的。

对动物使用“who”和其他语言学上的改革是并行的。在当今大多数的法律体系下，动物依然是财产，就像桌椅一样。可能在动物权利保护的相关立法下，动物会受到保护，但是这并不足以让动物不成为物品，因为对于文物和自然景观同样有这样的保护。英文的用法应当改变，明确动物在本质上，相较于桌椅、绘画及山峰，与我们更加类似。

法律开始展现变化的信号。1992 年，瑞士成为第一个将动物尊严纳入宪法的国家，德国在十年后也跟从了这样的做法。2009 年，欧盟修改了其基础条约，纳入了此类表述，由于动物是有感知力的生物，欧盟及其成员国在制定农业、渔业、研究以及其他领域的政策时，必须“对动物的福利要求给予充分的关注”。

像英语这样的语言，含蓄地将动物划归物品而非人，采用指代人的人称代词会表现同样的区分——并且提示我们动物究竟是什么（who animals really are）。

来自报业辛迪加，2016年2月

第三编：论超越生命神圣的伦理理念

真实的堕胎悲剧

上个月①，在多米尼加共和国，一位得了白血病的怀孕少女推迟了她的化疗，因为医生担心化疗会导致终止妊娠，这就违反了该国严格的反堕胎法律。在医生、律师和少女家人的多方讨论后，最终还是进行了化疗，但是在此之前，人们的注意力再次集中到了一些发展中国家僵化的堕胎法律上。

堕胎问题在发达国家占据了大量的媒体版面，特别是美国，共和党人通过反对堕胎获得选民支持。最近，巴拉克·奥巴马（Barack Hussein Obama）总统的连任竞选活动，对米特·罗姆尼（Mitt Romney）支持非法堕胎的言论做出反击，竞选团队在电视上播出了一则广告，内容是一个女人说现在是“作为一个女人的恐怖时代”。

但是，很少有人注意到86%的堕胎行为发生在发展中国家。尽管在非洲和拉丁美洲的主要国家都有法律禁止大多数情况下的堕胎，但是官方的禁令并不能降低高堕胎率。

在非洲，每年1000名妇女当中就有29例堕胎，而在

---

①2012年7月。——译者注。

拉丁美洲，这个比例是 1000 名中有 32 例。对于在多数情形下允许堕胎的西欧，对应的数字是 12。根据世界卫生组织最近的一份报告，不安全的堕胎行为每年导致 4.7 万名女性死亡，而几乎所有的死亡都发生在发展中国家。同时，每年有 500 万女性因堕胎而遭受身体伤害，有的甚至是永久性的损伤。

世界卫生组织认为，几乎所有的这些死亡和伤害都是可以避免的，比如提供必要的性教育，普及计划生育和避孕措施，提供安全合法的人工流产，以及必要的术后措施避免或治愈药物并发症。据估算，大约 2 亿 2 千万名发展中国家女性认为她们需要避孕，但是她们不仅缺少避孕知识，也无法获得有效的避孕工具。

这对于个人，对于我们这个人口稠密的星球的未来来说都是极大的悲剧，上个月①，由英国政府国际发展部及盖茨基金会（Bill & Melinda Gates Foundation）主办的伦敦计划生育峰会（London Summit on Family Planning）宣布，承诺到 2020 年将为 1.2 亿名上述女性提供帮助。

罗马教廷②的报纸对此做出了回应，并批判了梅琳达·盖茨（Melinda Gates）。她在组织并赞助这项倡议方面所做的努力，据估算将会让死于出生第一年的婴儿数量减少将近 300 万，并且减少 5000 万例堕胎。人们原本

①2012 年 7 月。——译者注。

②此处英文为“Vatican”（梵蒂冈），但根据上下文，应当为“罗马教廷”。——译者注。

认为罗马天主教会会乐意看到这样的结果。（梅琳达·盖茨目睹了发生在无法养活自己孩子的女人身上的事情，也目睹过因不安全堕胎而致残的女人，她本人是一名虔诚的天主教徒。）

限制合法的堕胎手段，将导致许多贫穷的女性在不安全的环境下堕胎。南非在 1998 年将堕胎合法化之后，堕胎相关的死亡案例减少了 91%。药剂师可以提供的迷索前列醇和米非司酮等流产药物的开发，为发展中国家提供了相对安全和廉价的堕胎手段。

反对者会回应说，堕胎行为就其本质而言，就是不安全的——对于胎儿来讲。他们指出，堕胎杀死了一个独特的、活着的人类个体。至少在我们将“人类”定义为“智人物种的成员”时，这一主张很难反驳。

我们同样不能简单地为了避免胎儿的道德地位带来的伦理问题而去援引妇女的“选择权”。如果胎儿真的有和其他人类一样的道德地位，讨论怀孕女性的选择权就非常的困难，特别是这种选择权还包括在威胁到母体生命可能之外，女性选择杀死胎儿的权利。

反对堕胎观点的谬误在于，将胎儿是活着的智人物种个体这一具有科学上的精准性的观点，上升到胎儿因此也具有和其他人类同样权利的伦理观点。成为智人物种中的一员，并不足以给予某种事物生命权。像自我意识和理性并不保证胎儿可以获得比其他生物，比如说牛，更多的保护，因为胎儿的情感能力较之牛甚至更弱。但是，我们可以经常看见“反堕胎”组织在堕胎诊所外示威，却很少看见他们去纠察屠宰场。

我们貌似可以主张我们不应当违背其意愿，杀死任何有生存欲望和自我意识的存在。我们可以将这样的行为视为侵犯了它们的自主权，破坏了它们的偏好。但是为什么仅仅一个成为理性的、有自我意识的人的可能性，反而使得在其实际拥有理性或自我意识前终止其生命变成了错误？

我们没有义务让所有成为理性生物的可能性全部实现。如果可能的理性生物（甚至都称不上是有意识的存在）的期许利益与实实在在的女性理性人的重要利益发生冲突，我们在任何时候都应当支持作为后者的女性。

来自报业辛迪加，2012 年 8 月 13 日

给最小的婴儿提供（或不提供）治疗

今年[①]2 月，报刊的版面被“奇迹宝宝”阿米丽亚·泰勒（Amillia Taylor）“攻占”了，报道宣称阿米丽亚是有记载以来存活下来的最早产的婴儿。阿米丽亚出生在 10 月，妊娠期仅有 21 周零 6 天。她出生时的体重仅有 280 克。在此之前，还没有一个妊娠不足 23 周的婴儿能够存活下来，因此医生们并不认为阿米丽亚能够活下来。但是在迈阿密一家医院的新生儿重症监护病房待了近 4 个月之后，阿米丽亚体重增长到了 1800 克（约 4 磅），医生判定她可以出院回家了。

所有这些都有一定程度的炒作。阿米丽亚是通过人工受孕的，因此受孕的精确日期是已知的。自然受孕通常是不可能知道这样精确的日期的，妊娠期一般是从母亲最后一次经期首日算起。由于婴儿通常是在月经周期中间的时期受孕，这就在计算妊娠期的时候增加了两周，因此，按照自然受孕的计算方法，应当认为阿米丽亚是在怀孕第 23 周出生的。这样的小婴儿能活下来并不罕见。尽管如此，阿米丽亚依然是一个超早产、超小的婴

①2007 年。——译者注。

儿（根据某种统计来源，她是存活下来的第四小的婴儿）。当然，我们应当为阿米丽亚的父母感到高兴，他们热切盼望的女儿顺利出生了。但是，不惜一切现代医疗手段来挽救越来越小的婴儿的生命，其带来的一系列问题值得讨论。

发表在去年十一月的《澳大利亚医学杂志》（*Medical Journal of Australia*）的一篇文章中，悉尼皇家妇产医院新生儿中心主任雷琦医生（音译，Dr. Kei Lui）及其他医院的同事，阐述了一场专题研讨会的结果。这场专题研讨会涉及 112 位专业人士，他们来自澳大利亚人口最稠密的新南威尔士州，以及澳大利亚首都堪培拉 10 所提供最高规格新生儿重症监护的机构。

参加这场专题研讨会的不仅有相关领域的医学专家，同时还有助产士、新生儿护士、家长及社区工作者。在讨论议题之前，参与者会先了解一份关于 1998 年到 2000 年之间，妊娠期少于 26 周的新生儿出生情况的研究结果。这份研究说明，妊娠期不足 23 周的婴儿无法存活下来，而在 23 周到 25 周之间，存活率从 29% 上升到了 65%。

在存活下来的婴儿两岁到三岁之间，研究者会有随访和检查。在第 23 周出生的婴儿当中，三分之二有某些形式的功能性残疾。而同样妊娠期的全部测试者中，有三分之一的残疾程度是“重度”，也就是有严重的发育迟缓或者是失明，或者由于脑瘫，这些孩子即便在有辅助情况下也无法行走。另一方面，在第25周出生的孩子当中，只有三分之一有功能性残疾，重度残疾的只占13%。显而易见，在母亲的子宫中多待两周会极大地提高孩子无残疾存活的概率。

在这种情况下，医生及社会，应该做些什么呢？他们是否应该尽其最大努力治疗所有的孩子？他们是否应该划一条界线，比如说24周，那么是不是妊娠期少于这个界线的婴儿都不应当接受治疗？不治疗不足24周出生的婴儿的政策，将会为整个社区节约一笔可观的花费——而且这笔花费对于不足24周的婴儿来说很有可能是徒劳的，同时人们也无须再去考虑那些存活下来的重度残疾的孩子。但是这对于怀孕存在困难的夫妇来说，早产的孩子很有可能是他们最后的希望，不予治疗是非常残酷的。阿米丽亚的父母就是其中的一员。如果父母们理解这样的处境，并且已经做好了准备迎接一个重度残疾的孩子来到他们的家庭，并且尽力给予这个孩子所有的爱和照顾，那么一个相对富有的工业化国家是否应该简单地说“不，你的孩子出生得太早了”。

头脑中装着这些可能性，与试着划出一条僵硬的分界线相反，专题研讨会定义了一种“灰色地带”。在其中，医院可能会提供也可能会不提供对于新生儿的治疗，但根本上还是取决于父母的意愿。如果在第23周出生的婴儿的父母并不希望他们的孩子得到治疗，所有的与会者都会接受这样的请求。而且所有人都有共识，即便存在积极治疗的可能性，也是不鼓励的。甚至是在第25周，72%的与会者也不会在父母不同意的情况下开展治疗。但是，在第26周，除非是异常情况，婴儿应当接受治疗成了共识。

在美国，尽管美国儿科学会（American Academy of Pediatrics）声称，不足23周，少于400克的婴儿是不能自主生存发育的。但是目前主流的观念是为了挽救人的生命而不惜一切努力，挑战这个观念是非常困难的。与和父母开放地讨论各种选择不同，一些医生会说治疗是“无效的”，他们“无能为力”。实际上，在这些案例当中，积极治疗会延长生命，但是也会有重度残疾的极大可能性。在这样的情况下，判定治疗是“无效的”，其实是做出了一个伦理判断——有如此重度残疾的生命，不值得生存下去，也不值得父母和社区为了使之生存下去做出种种努力。

另外一些医生认为人的生命有着无限的价值，而他们的责任就是尽一切可能去挽救每一个婴儿，无论他们患有重度残疾的可能性有多大。

这些情形中没有一种给了父母参与对他们的孩子做出决定的机会。虽然这可能减轻他们沉重的责任负担，但同时也剥夺了他们去表达孩子对他们多么重要，以及是否决定去爱一个重度残疾的孩子，是否欢迎他进入他们家庭的机会。正因如此，在“灰色地带”——在未知存活与否和有极高的重度残疾风险的情形下，对早产儿的生死做出决定时，父母的观点应该在决定是否提供延长生命的治疗措施中扮演主要角色。

阿米丽亚的存活拉伸了“灰色地带”的界限，但是并没有将其排除。我们还不知道她的超早产会不会带来长期的残疾。但是无论是否会这样，其他的父母可以理性地决定他们不去冒这个风险，或者不想为了确保他们的小小新生儿的生存，而花费大量的公共资源。

来自《自由探索》，2007 年 6/7 月

揭开新生儿安乐死的帷幕

在周四的《新英格兰医学杂志》（*The New England Journal of Medicine*）中，荷兰格罗宁根大学医学中心（University Medical Center Groningen）的两位医生，简述了他们医院的医生在过去的 7 年间，对 22 名新生儿实施了安乐死。所有这些案件都报告给了荷兰地区检察官办公室，但没有医生因此被起诉。

爱德华·费尔哈根（Eduard Verhagen）和彼得·索尔（Pieter Sauer）将他们可能决定结束其生命的新生儿分成了三组。

第一组是即使利用一切现有的医疗资源来延长他们的生命，他们也会在出生后很快死掉的婴儿。

第二组是需要重症监护的婴儿，比如说需要呼吸机维持生命。对于他们，未来可能是“非常残忍”的。这些婴儿有重度的脑损伤，即使他们在重症监护室里存活了下来，他们的生活质量依然会很糟糕。

第三组是“预后无望”的婴儿，同时他们也会是“无法承担的痛苦”的受害者。举个例子，在第三组当中，“一个孩子有最为严重的脊柱裂”，脊髓无法正常形成和闭合。但是第三组的婴儿不再依赖重症监护。

产生争议的是第三组新生儿，因为他们不能简单地通过取消重症监护来结束生命。在格罗宁根大学医学中心，如果无法缓解新生儿的痛苦，而且也没有任何改善的预期，医生会和患者父母讨论，在这样的情况下，死亡“是比继续生活更加人道的选择”。如果父母认可这样的情况，而且医生团队也同意——包括征得一位与患者没有利害关系的独立医生的同意，这个婴儿的生命可能就会被终结。

美国“反堕胎”群体肯定会说，这是荷兰自20年前允许自愿安乐死之后，道德滑坡的又一例证。但是在他们声讨格罗宁根的医生们之前，他们应当回头看看，在美国发生了些什么。

有一件事情是无可争议的：在美国，有严重问题的婴儿是被允许选择死亡的。这些婴儿属于费尔哈根和索尔分出的三组婴儿中的前两组。他们当中——也就是第二组的婴儿，可以在持续接受重症监护的情况下生活许多年。尽管如此，美国的医生，通常会在与父母咨询之后，决定取消重症监护。这些事情公开地发生着，既存在于天主教医院，也存在于非天主教医院。

我曾经带着我在普林斯顿的学生去往圣彼得大学医院（St. Peter's University Hospital），这是一家位于新泽西州新布朗斯维克、有专业新生儿重症监护室的天主教医院。科室主任马克·希亚特医生（Dr. Mark Hiatt）介绍了一些他对重度脑损伤婴儿撤销重症监护的案例。

在美国和荷兰的新生儿科专家当中，存在着一种广泛的共识，即有时终结一个有重度医学问题的新生儿生命，在伦理道德上是可以接受的。甚至罗马天主教会也认可，使用“特别的”生命维持措施并不总是必须的，而呼吸机就是这些“特别的”措施中的一种。

最大的争议是，终结费尔哈根和索尔分类中的第三组婴儿的生命是否可以接受，也就是相当于是否能接受终结已经不需要依赖重症监护而存活的婴儿的生命。换一种说法：争议已经不仅仅在于，如果一个婴儿的生存没有价值，终结其生命是否合理，而且在于是否应当用积极的措施去终结其生命，而不单纯是撤掉治疗措施。

我相信格罗宁根的报告是基于一种坚实的伦理观念，即在伦理上，相比于做出终结婴儿生命会更好的判断，结束生命的手段并不是那么重要。如果有些时候终结第二组婴儿的生命是可以接受的——而且事实上并没有人反对，那么有时候终结第三组婴儿的生命，也是可以接受的。

并且，基于一些医生向我做出的一些评论，我可以肯定，第三组婴儿在美国有时候是会死亡的。但是由于害怕指控，这些事情从来都没有被报道或者公开讨论过。这意味着合理化这些行为的标准不能得到有效的讨论，更遑论达成共识了。

另一方面，在荷兰，就像费尔哈根和索尔所写的那样："强制性提交报告的制度，以及后续对于新生儿安乐死的评估，帮助我们理清了做出决定的过程。"仍然有很多人认为，在荷兰的一所医院，7 年间有 22 例婴儿安乐死，说明了荷兰和美国相比，是一个不那么尊重人类生命的社会。但是我建议他们好好地看一看两国婴儿死亡率的差异。

《中情局世界概况》（*CIA World Factbook*）显示，美国婴儿死亡率为 6.63‰，而荷兰是 5.11‰。如果美国的婴儿死亡率和荷兰一样低，那么全国范围内每年就会减少婴儿死亡6296例。

以婴儿的死亡率来衡量，相比 22 个不幸死亡的婴儿，在美国建立和荷兰一样优质的医疗体系这样的事情更值得那些珍视生命的人们去关注。

来自《洛杉矶时报》，2005 年 3 月 11 日

晚年无疾

肺炎曾被称为“老年之友”，因为它给一些健康状况很差，并且还在持续恶化的老人带来了相对不那么痛苦的、快速终结生命的方式。现在，一个针对美国马萨诸塞州波士顿地区疗养院里重度痴呆患者的研究表明，人们通常会使用抗生素对付这位“朋友”。那么医生们是否是基于他们的能力，按照常规的方法治疗疾病，而不是基于病人利益最大化的原则做出决定呢？

这项研究由埃里卡·达加塔（Erika D'Agata）和苏珊·米切尔（Susan Mitchell）主持并在《内科学文献》（*Archives of Internal Medicine*）上发表。它显示了在 18 个月里，214 名疗养院中的重度痴呆患者中有 2/3 接受了抗生素治疗。这些患者的平均年龄是 85 岁。在一个对于重度损伤的标准测试中，指数范围从 0 到 24，数值越低，损伤越严重。这些患者中有四分之三的测试结果是 0。他们几乎没有任何语言交流的能力。

目前还不清楚，在这种情况下使用抗生素是否能延长生命，但即使能做到，如果一个人长年大小便失禁，需要别人喂食，也不能走路，心理能力不可逆地恶化以至于不能说话也不认识自己的孩子，又有多少人想要延长自己这样的生命呢？

患者的利益应当是第一位的，我很怀疑延长这样生命是否是这些患者的利益所在。更进一步，当无法判断这些患者想要什么的时候，继续治疗是否代表患者的利益是很值得怀疑的。一些因素也应当合理地被考虑进去，包括家人的意见以及社区的成本。2005 年，用于治疗老年阿尔茨海默病的医疗保险费用高达 910 亿美元，并且在 2010 年预计会攀升到 1600 亿。相比之下，2005 年，美国对外援助总额仅有 270 亿美元。即便我们只考虑医疗预算，相比于延长疗养院中有重度痴呆的老人们的生命，许多其他的事情也有更高的优先级。

达加塔和米切尔指出，对这些患者使用如此大量的抗生素，也给社区带来了另外一种形式的成本：它使得抗药性细菌的问题进一步恶化。当一个痴呆患者被移交医院以治疗严重疾病的时候，这些抗药性细菌可能会广泛传播，并给一些本来可以平稳恢复，继续过上数年正常生活的其他病人带来致命的伤害。

有人可能会质疑，在决定是否延长人的生命，而不管这种做法是否对这个人本身有益的时候，关于人的生命不可侵犯的一些误导性信念，起到了一定的作用。但是在这一点上，有些宗教就相对理性。举个例子，罗马天主教会认为，与结果不成比例，而且会给病人带来不必要负担的治疗手段不是必须的。在我的经验当中，许多天主教神学家能够接受，在有重度痴呆的老年患者得上肺炎的情况下，不给他们抗生素治疗的决定。

有一些宗教的教义则更加僵化。对于来自加拿大温尼伯的一位 84 岁老人——塞缪尔·哥鲁丘克（Samuel Golubchuk）来说，肺炎并不能扮演其传统的“老年之友”的角色。哥鲁丘克多年来深受脑损伤的折磨，并且只有有限的生理和心理活动能力。当他得上肺炎住院的时候，他的医生提议撤掉维持生命的设备。然而，他的孩子认为，这种终结生命的做法违反了他们正统派犹太教（Orthodox Jewish）的教义。他们拿到了一张临时的法院命令，迫使医生保留维持生命的设备。

从 2007 年 11 月起，哥鲁丘克依旧保持着活着的状态，但是却有一根导管从他的喉咙穿插进去以帮助他呼吸，并且有另外一根导管插进他的胃里进行喂食。他不能说话，也不能下床。他的案件现在——2008 年 3 月，我在写作这篇文章的时候，要进行庭审了，然而还不清楚何时能进行判决。

通常来说，如果患者本人无法做出关于治疗的决定，应当尊重其家人的意愿。但是医生们有一项伦理责任，就是要代表患者的最大利益，而家人的意愿不应当凌驾于患者利益之上。另一个相关的事实是，哥鲁丘克还残存着多少意识，这个问题是有争议的。他的家人认为他还能与家人互动，但这并不明确。在任何时候，他都不能给出任何关于他是否想继续存活的观点。

对于家人来说，构建起他们父亲的自我意识可能是一把双刃剑。因为这意味着让他存活下去是一种无意义的折磨。当然，这对于他的家人来说并不是一个问题，在他们看来，是上帝命令他们像现在这么做的。

从公共政策的视角来看哥鲁丘克的案例，其中心问题是当患者家人的意愿在医生看来是与患者的最大利益相悖的时候，公共资金支持的医疗体系应该在何种程度上满足患者家人的意愿。对于患者家人对公共资金当中的索取应当有一定的限制，因为对没有希望康复的患者投入更多长期治疗的花费，意味着在更有希望的其他患者身上的花费将减少。

如果患者家人寻求的治疗，在医生的专业判断中是无效的，那么就没有必要提供昂贵的长期治疗。如果哥鲁丘克的孩子希望他们的父亲能继续存活——并且如果他们能够证明，他活着并不是一种痛苦，应当有人告知他们，他们有权安排这样的治疗，但是必须自己付费。法院不应当做的事情是，命令医院继续治疗哥鲁丘克并承担治疗费用，且驳斥医疗专家更好的判断。加拿大的纳税人并没有义务去为其他公民的宗教信仰买单。

来自报业辛迪加，2008 年 3 月 14 日

当医者“杀人”

所有反对自愿安乐死的论点当中，最有影响力的就是“滑坡效应”（slippery slope）：一旦我们允许医生杀死病人，我们将无法把范围限制在那些求死的人当中。即便在荷兰、比利时、卢森堡、瑞士以及美国俄勒冈州，医生协助的自杀和自愿安乐死已经合法化许多年了，这个论述还是没有任何的证据支持。但是在卡特里娜飓风（Hurricane Katrina）过境之后，一家新奥尔良医院发生的事情表明，真正的危险源于另一个方向。

2005 年 8 月，新奥尔良遭遇了洪灾，升高的水位隔绝了纪念医疗中心（Memorial Medical Center）——一家有超过 200 名病人的社区医院。在被飓风袭击的三天后，医院已经断水断电了，而且厕所已经无法再使用。一些依靠呼吸机存活的病人先后死去。

在令人窒息的炎热当中，医生和护士在极大的压力下照顾着躺在脏污床上的病人。整座城市中法律与秩序的破坏加剧了人们的焦虑，而这所医院很有可能是武装劫匪的一个目标。

后来有直升机来撤离病人。健康状况较好且可以行走的病人优先撤离。州警察来到现场并且告诉工作人员，由于暴乱，所有人必须在下午 5 点前离开医院。

在医院的 8 楼，79 岁癌症晚期的女病人珍妮·伯吉斯（Jannie Burgess），正打着吗啡点滴，并且已经濒临死亡。为了撤离，她要从 6 层楼梯上被搬下来，这需要医护人员特别的照顾。然而，医护人员却又是紧缺的。但如果把她丢下，她可能会从睡眠状态中醒过来，并且进入痛苦当中。尤因·库克（Ewing Cook），作为当时在场的医生之一，指示护士增加吗啡的用量："给她足够的用量直到她离去。"他后来告诉谢里·芬克（Sheri Fink），这个决定是"傻瓜都会做的",芬克最近在《纽约时报》上报道了这些事件。

根据芬克的叙述，当时的另外一位医生安娜·波（Anna Pou）告诉护士，在 7 楼有几位病人因病情过重而无法得到救治。她为他们注射了吗啡以及其他药物，减缓了他们的呼吸，直至死亡。

在这些被注射致命药物的病人中，至少有一个人原本没有濒临死亡的危险。埃米特·埃弗雷特（Emmett Everett）是一位 61 岁的老人，他在数年前的一场意外中瘫痪，当时他在医院是为了接受治疗肠梗阻的手术。当与他同一病房的其他人被撤离之后，他请求不要将他留下来。

但是，他的体重有 380 磅（173 公斤），要把他从楼梯上抬下来，然后再抬到着陆的直升机上是一件非常困难的事情。医生告知他，他将被注射某种药物，这种药物可以帮助缓解他眩晕的症状。

1957 年，一些医生询问了教皇庇护十二世（Pope Pius XII）：如果一个人可以预见到使用麻醉品会缩短寿命，是否允许使用麻醉品去压制痛苦和意识？教皇给出的答案是允许的。在 1980 年教会发布的《安乐死宣言》（*Declaration on Euthanasia*）中，罗马教廷再次肯定了这个观点。

罗马教廷的立场是众人所知的“双重效应学说”（doctrine of double effect）的适用。一个行为有双重效应，一重是好的，另一重是不好的，如果好的那一重效应是人们有意为之，而不好的那一重效应仅仅是在实现好的效应过程中出现的意外的结果，那么这个行为就可能是被允许的。重要的是，无论是教皇明确表达的，还是《安乐死宣言》所说的，都没有对在可能的情况下，在缩短患者生命之前，取得患者的自愿和知情同意的重要性做出强调。

根据“双重效应学说”，下面两位医生在表面上做出的是完全相同的事情：他们可能在完全相同的情况下给患者完全相同的一针吗啡，并且知道这一针会缩短患者的生命。但是，其中一位医生是为了减轻患者的痛苦，并且行为符合良好的医疗实践规范，而另一位医生是有意要缩短病人的生命，触犯了谋杀罪。

库克医生没有时间去考虑其中的微妙之处，只有

“一个非常天真的医生”才会去想给一个人注射了大量的吗啡不是“过早地送他们进坟墓，”他对芬克如是说，并且直率地说道，“我们杀了他们”。在库克看来，道德和违法的界限是“微妙到无法察觉的”。

在纪念医疗中心，医生和护士们自身都承受了巨大的压力。在72小时几乎毫无睡眠，并且还要努力去照顾他们的病人之后，他们筋疲力尽，无法站在最佳的立场上做出困难的道德决定。准确理解“双重效应学说”，并没有将医生的所作所为合理化，但是，放任他们在没有获得同意的情况下缩短患者的生命，似乎是为故意杀人铺平了一条捷径。

罗马天主教思想家是最竭力主张“滑坡效应”观点，反对自愿安乐死和医生协助死亡合法化群体中的一分子。他们应当去好好审视一下自己学说的后果。

来自报业辛迪加，2009年11月13日

选择死亡

“我将在今日中午时分自杀，大限将至。”

一个 85 岁居住在加拿大的新西兰人吉莉恩·班纳特（Gillian Bennett），在网上发布了上述的话，并开始解释她自杀的决定。班纳特遭受了痴呆症长达 3 年的折磨。到了 8 月，她的痴呆症已经发展到了一个，如她自己所说，“几乎要失去自我”的程度。

“我想要离开，”班纳特写道，“我要在我彻底不能评判自己的处境，或者不能采取任何行动结束生命之前完成这件事情。”她的丈夫乔纳森·班纳特（Jonathan Bennett）是一个退休的哲学教授，他和他们的孩子都支持妻子的选择，但是班纳特拒绝家人以任何方式帮助她自杀，因为这样做会让他们面临 14 年监禁的风险。于是她不得不在还有能力的时候，自己去完成最后一步。

对于我们大多数人，幸运的是，生命是宝贵的。我们愿意生活下去是因为我们有盼头，或者说，是因为我们觉得生活快乐、有趣，或刺激。有时候我们想继续生活下去，是因为我们有想要达成的事情，或者是有我们想要帮助的亲近的人。班纳特是一个曾祖母辈的人，如果一切顺利，她会希望看到下一代孩子们成长起来。

班纳特不断发展的痴呆症剥夺了她想要继续生活的全部理由。这让她的决定无论从理性上还是从道德上都很难反驳。自杀并不意味着她放弃了任何她想要或者是有理由珍视的事物。“我放弃的只是无限期地在医院里做一个植物人，消耗国家的钱财，却一点都不知道自己是谁。”

班纳特的决定也是符合道德的，因为就像上述所引的“国家的钱财”，她并没有只考虑自己。反对合法自愿安乐死以及医生协助自杀的人有时候会说，如果法律改变了，患者可能会感受到压力，他们会为了避免成为他人的负担选择结束自己的生命。

玛丽·沃诺克男爵夫人（Baroness Mary Warnock）是一位道德哲学家，由她坐镇的英国政府委员会负责起草了1984年的《沃诺克报告》（*Warnock Report*），这份报告为她的国家涉及人工受孕及胚胎研究的先进法律搭建了框架。沃诺克并不将上一段最后提到的事项，当作反对允许患者结束他们生命的理由。她认为，感到自己应当为了别人，同时也是为了自己去死并没有什么错。2008年，苏格兰教会杂志《生活和工作》（*Life and Work*）发表了一个对沃诺克的访谈，她支持承受了难以忍受痛苦的人结束他们生命的权利。“如果有人因为自己成了家庭和国家的负担，而决绝地、绝望地要去死，”她主张，“那么我认为也应当允许他们去死。”

由于加拿大公共卫生服务会为无法自理的痴呆症患者提供医疗，班纳特知道她不会成为家庭的负担。尽管如此，她依然在意她给公共资金强加的负担。在医院里，班纳特可能会以植物人状态继续存活十年，保守估计每年的费用会有50 000—75 000 美元。

由于班纳特不会从继续存活当中获益，她认为这是一种浪费。她同时也在意那些不得不照顾她的医护人员："护士本认为他们所从事的工作有极大的意义，结果发现自己只是在不断地帮我换尿布，以及报告一具空空如也的躯壳的生理变化。"用班纳特的话来说，这样的情况是"荒唐、浪费且不公平的"。

有人会反对将痴呆症晚期患者描述为"空空如也的躯壳"。但是，当看到忽然发生在我的母亲和姨妈身上的情景——我的母亲和姨妈都是非常精力充沛、聪明伶俐的女人，但就只能这样无法回应任何事情，在床上躺了数月或数年（这是我姨妈的情况），我会认为这个描述是完全准确的。当痴呆症到了一定的阶段，我们熟知的那个人，就已经不在了。

如果人不想以这种状态生活，那么存留着这具躯体的意义是什么呢？在任何医疗体系下，资源都是有限的，而且这些资源应当被用在有需要的患者以及可以从中获益的患者身上。

对于不想在他们的意识消失之后继续生存的人，决定什么时候死是很困难的。1990 年，深受阿尔茨海默病折磨的珍妮特·阿德金斯（Janet Adkins）跑到密歇根州，去寻求杰克·科沃基恩医生（Dr. Jack Kevorkian）的帮助，以结束自己的生命。科沃基恩医生因为帮助她自杀，饱受批判，因为在她去世的时候，她仍然可以继续打网球。虽然如此，她还是选择了死亡，因为如果迟延，她可能会失去控制自己决定的能力。

班纳特在她令人动容的陈述当中，期待有一天法律允许医生不仅能够在优先“生存意愿”而拒绝延长寿命治疗上有所作为，也能够回应患者在一定程度上失去能力的时候，对一针致命药物的请求。这样的改变能够缓减一些患有进行性痴呆病人的焦虑，即担心病症拖延过久而错过结束生命的机会。班纳特的建议将使得和她有同样情形的人们，能够选择他们存活的时长——而不是一定要比期望的更长。

来自报业辛迪加，2014年9月9日

法庭上的死亡

加拿大人格洛丽亚·泰勒（Gloria Taylor）患有肌萎缩侧索硬化症（简称 ALS），也就是葛雷克氏症（Lou Gehrig's disease）。在未来的若干年，她的肌肉会不断地萎缩，直到无法走路，无法使用双手，无法咀嚼、吞咽、说话，直到最后——无法呼吸。然后她就会死亡。泰勒不想经历这一切，她想在自己选择的时间死去。

自杀在加拿大不是犯罪，就像泰勒自己所说："我只是不能理解为什么法律允许生病的健全人在他们可以握稳枪支的时候饮弹，而我因为疾病不能够移动，也不能控制自己的身体，却不被允许获得善意的帮助，使用致命药物让我达成同样的效果。"

泰勒感受到法律给她出了一道残酷的选择题：要么在生活依旧美好，但是有能力自杀的时候结束生命，要么放弃在自己希望的时间结束生命的权利。她去了法院，主张禁止她获得自杀协助的《刑法典》（*Criminal Code*）条文，与赋予加拿大公民生命权、自由权、人身安全权以及平等权的《加拿大人权利和自由宪章》（*Canadian Charter of Rights and Freedoms*）相悖。

法院听证会有些不同寻常，琳恩·史密斯（Lynn Smith）法官全面地质询了在她面前的所有道德问题。她从正反双方的领袖人物处听取了专家意见，这些人不仅有加拿大人，还有来自澳大利亚、比利时、荷兰、新西兰、瑞士、英国以及美国的权威人士。专家的专业领域包括普通内科、姑息治疗、神经病学、残障研究、老年医学、精神病学、心理学、法学、哲学以及生物伦理学。许多专家在法庭上接受了交叉询问。伴随着泰勒的死亡权利讨论，近几十年来关于协助死亡的讨论也被纳入审视。

上个月，史密斯给出了她的判决。卡特诉加拿大案会成为有关协助死亡的事实、法律、伦理各个方面的教科书案例。举个例子，在这种可接受的协助死亡的做法，如撤销维持生命措施或者其他治疗措施，以及积极地协助患者死亡这种备受争议的做法之间，人们一直在进行争论。史密斯的判决表明了“明确的伦理界限是不可捉摸的”，并且没有一种此类的伦理界限是“有说服力的”。史密斯考虑并接受了加拿大著名哲学家韦恩·萨姆纳（Wayne Sumner）提出的一个论点，即如果患者的状况使其有能力去执行自杀，这样的自杀是道德上可接受的，那么医生提供给患者自杀手段，也应当是在道德上可接受的。

史密斯也必须评估，是否存在用公共政策上的考量去反对合法化医生协助自杀的行为。她的决定主要关注在弱势人群中——比如说老年人和残疾人中，会存在在并不情愿的情况下被迫接受自杀协助的风险。

关于在荷兰自愿安乐死的合法化，以及美国俄勒冈州医生协助自杀的合法化，是否增加了弱势群体在他们没有给出完整、知情同意的情况下被杀或被协助自杀的可能性，人们的观点存在冲突。精神病医生以及自杀研究专家赫伯特·亨丁（Herbert Hendin）多年来一直宣称，法律当中的保障措施并没有保护弱势人群。他在庭审中提供了证据。

荷兰疗养院医生及生物伦理学家汉斯·冯·德尔登（Hans van Delden）在过去的二十年间参与了所有在其国内主要的关于生命终结决定的实证研究，他从亨丁的反面给出了相关证据。美国专门研究协助自杀和安乐死最著名的生物伦理学家佩吉·巴廷（Peggy Battin）也持与冯·德尔登同样的立场。

在这场争议当中，史密斯坚定地站在了冯·德尔登和巴廷这一边，认为“从两个区域收集来的经验证据并不支持医生协助的自杀给社会弱势群体强加了特定风险的假说”。相反，她认为：“证据支持了冯·德尔登医生的立场，国家设计一个既允许一些个人使用医生协助死亡手段，又能够在社会上保护弱势个人和群体的制度是可能的。”（在史密斯做出判决后，荷兰最近的一份报告证实了荷兰的安乐死案例并没有急剧增加。）

史密斯随后宣布，在考虑相关的适用法之后，《刑法典》中禁止医生协助自杀的条款，不仅侵犯了残疾人的平等权，而且侵犯了他们的生命权、自由权和安全权。随后，她向所有罹患严重和无法救治的疾病，且有行为能力的成年人打开了医生协助自杀的大门，而适用的情形，和其他合法化医生协助自杀的地区并没有特别的不同。

来自报业辛迪加，2012 年 7 月 16 日

后记：2012 年 10 月，格洛丽亚·泰勒安静地去世了，但她并没有接受自杀协助，而是死于严重感染。同时，琳恩·史密斯法官的判决被提起上诉，呈递至英属哥伦比亚省上诉法院，在 2013 年，上诉法院以 2∶1 的多数，推翻了此前的判决。随后，该案被上诉至加拿大最高法院。2015 年 2 月，最高法院全体一致通过决定，禁止协助自杀与《加拿大人权利与自由宪章》相悖，进而是违宪的。

第四编：论生物伦理和公共健康

人类基因组及基因超市

如果美国总统和英国首相联合宣布了一项科学发现，那这项发现必然十分特别。在今年[①] 6 月 26 日宣布绘制完成的人类基因组“草图”，毫无疑问是一项重大的科学里程碑。尽管克林顿总统称其为“人类从古至今最奇妙的图谱”，但这项发现并没有告诉我们基因究竟发挥了什么作用，至少在短期内，它没有任何附随的产出。现在的情况就像我们在学习外语字母表的时候，我们并不知道大多数单词是什么意义。再过几年，到目前为止所做的一切将被视为通向真正重要目标的垫脚石，即理解人的本质中哪些部分被基因控制，以及被哪些基因控制。但是，关于获得这些垫脚石的宣传可以正面一些，因为在严肃思考我们在十年或二十年后达成更高目标时会发生什么时，当下的发现会让我们有更好的准备。

当然，官方的口径是，了解关于人类基因组的一切，使得我们能够发现许多重大疾病的源头，并且找到前所未有的治疗方法。不是像我们现在这样治标，而是真正地治本——找到发病以及扩散疾病的基因源头。对于一

①2001 年。——译者注。

些疾病来说，这确实是可能的；但是认为我们关于人类基因组的新知识不会被用到别的地方，也是过于天真的。

关于这些知识会被用到什么地方，一个明显的表征可以从近一两年来美国一些最有声望的高校的学生刊物上刊登的某些广告中看出来。这些广告为一些身高至少 5 英尺 10 英寸①，并在学术能力测试中取得非常领先成绩的卵子捐献者，提供了高达 5 万美金的报酬。除了一些人傻钱多的人，大部分人都明白这笔报酬实际上是在知晓以下前提下进行的：人类自然繁殖的随机性意味着，高挑聪明的女性有时会生下又矮又笨的孩子。如果通过某种手段可以筛查胚胎，排除基因彩票，并保证孩子拥有超过常人的智力、身高、运动能力或者其他理想特质的基因基础，那么人们会愿意为这种手段付出多少钱呢？

一旦这种选择在技术上成为可能，由于这种手段会让优生学死灰复燃，社会上就会出现禁止它的压力。但是对于大多数的父母来说，给予他们的孩子更高的人生起点是至关重要的。这种渴求营销了成千上百万本告诉父母如何帮助孩子开发潜力的书籍；促使父母为了搬到更好的学区，不惜牺牲日常通勤的便利；刺激了父母储蓄以便孩子在未来能够上更好的高校。选择“最好”的基因可能比其他手段能更有效率地给孩子带来益处。众所周知，美国人极度反感政府监管，而基因筛选可能会变成广泛有效地去达成某个目标的途径，结合这一事实，

---

①约等于 178cm。——译者注。

美国国会似乎不太可能去禁止它，即使禁止了，也不太可能有效。

不管你喜不喜欢，我们都会面临这样的情况——在未来，优生学会重新成为一个问题。但是，不像早期的优生学运动，它不再会是国家支持的了，也不会强行抹去“不合格”人群，更不会进行种族灭绝。相反，未来的优生学运动将以美国发生许多变化的方式发生，由消费者选择，由市场决定。当然，虽然这种手段较之强制优生学要好太多，但是仍然给我们的未来社会带来了很多问题。在这些问题当中，最棘手的是：那些没有财力在基因超市里选购的人会怎样？他们的孩子会注定平庸一生吗？这会是美国机会平等神话的终结吗？如果我们不想让这种情况发生，我们最好开始思考，我们能够做些什么。

来自《自由探索》，2001 年冬季刊

克隆之年？

今年[①] 1 月，肯塔基大学（University of Kentucky）的生殖生理学教授帕纳斯·扎沃斯（Panos Zavos）宣布他将与意大利妇科医生塞维里诺·安蒂诺里（Severino Antinori）合作，并在未来的一两年内克隆出第一个人类。对于关注过安蒂诺里职业生涯的人来说，这并不是一个令人震惊的消息。早在 1998 年 10 月，安蒂诺里就说，他想成为第一个克隆人类的科学家。随后，有见识的人质疑了随即将要发生的事情。今天，他们仍然非常怀疑，在可预见的未来里安蒂诺里是否能够完成这一壮举。

克隆羊多莉（Dolly）诞生于罗斯林研究所（Roslin Institute）。其首席长官格雷厄姆·贝菲尔德（Grahame Bulfield）说过，如果克隆人在他有生之年能出现，将是一件令他“目瞪口呆”的事情。而他可能真的要目瞪口呆了。安蒂诺里在生殖医学领域有过开疆拓土的事迹。1994 年，他使用新的生殖技术，帮助了一位 62 岁的女性成为世界上有记载以来最高龄的产妇。但是从技术上来说，相比于克隆人类，这仍然是一个相对简单的任务。

---

①2001 年。——译者注。

在伊恩·维尔穆特（Ian Wilmut）及其同事克隆出了多莉之前，学界的共识是：在一个成年哺乳动物身上完成克隆是不可能的。（“克隆”从胚胎分裂的意义上来讲，就是制造双胞胎，这可以自然发生，也可以在实验室里完成。但是，相比于克隆，在提到制造更加发达的人类基因碳拷贝的意义时，很多同样的问题并不会出现在前者身上。）

现在我们知道了在一个成年哺乳动物身上完成克隆是可以实现的，但是问题在于，是否有足够的人类志愿者来让他们推进这项研究。贝菲尔德估计，制造一个克隆人需要 400 颗卵子及 50 个代孕母亲——更不用说他还没提到大约有 1.5 亿美元的花费。扎沃斯和安蒂诺里能否整合这些人力和财力资源还是存疑的。

假设有人成功地制造了克隆人，他们实现了自己登上头条的目标。但是他们伤害了谁吗？有什么重要的事情发生了变化吗？让我们分开讨论这两个问题。

如果人类被克隆了，谁会受到伤害？最明显的回答是：被克隆的那个人。克隆人的健康可能确实存在问题。有观点认为，多莉的细胞在某些方面并不像一只 4 岁的羊，而像一只 6 岁的羊——也就是多莉所克隆的那只羊的年龄。如果是这样，那么比如说，一个人克隆的是一个 50 岁的成年人，其预期寿命就会大大减少。现在看来，情况可能并非如此，但是其他的问题又出现了。在夏威夷大学（University of Hawaii），柳町隆造博士

（Dr. Ryuzo Yanagimachi）克隆了一些老鼠，发现其中一些老鼠虽然没有比正常老鼠吃得更多，但却变得极度肥胖。人们还检测到了其他一些异常情况。得克萨斯农工大学（Texas A & M University）克隆的奶牛长出了畸形的心脏和肺部。如果类似的问题也可能发生在人类身上，那么继续进行人类克隆在伦理上就是不负责任的行为。

但是，假设这些担心都被证明是没有理由的，而且可能克隆人不会出现更糟糕的异常情况，那么克隆人的生活是否会明显地比其他人更糟糕呢？我能想象到的是一直被媒体关注。另一种可能是，克隆了一个已经去世的孩子，而且是在悲痛欲绝的父母希望其“重生”的情况下，这种情况可能和同卵双生子中的一个去世了，没有什么不同（显然在双生子例子中，父母与死去的孩子之间有相当不寻常的羁绊）。

尽管可以主张克隆的孩子会面临心理负担，但是这些负担有多严重呢？如果克隆被禁止，这样的孩子根本不会出生，这样的心理负担会严重到这些孩子希望禁止克隆吗？这似乎不太可能。如果不是这样，那么主张出于克隆儿童的利益，克隆应该被禁止，也是不成立的。

如果不是为了儿童，而是为了我们本身的利益，是否应该禁止克隆？显然，不是出于想要克隆儿童的夫妻的利益，也不是出于想要帮助他们的科学家的利益。社会应该阻止克隆吗？如果我们讨论到一大堆克隆的流行摇滚明星和运动健将，这个答案是肯定的。克隆会导致基因多样性损失的焦虑。但是，如果只是一小部分人想要克隆孩子，这个答案就是否定的。后一种可能是最有前景的情况了，特别是克隆保持在价格高位，有复杂的手续，且有极高的畸形风险时。既然这些问题似乎是短期内不会发生的，我们就没有必要在思考如何对待可能的克隆人这个问题上，浪费太多的精力。从更广阔的角度来看，克隆人并不会对 21 世纪人类社会的形态造成太大的改变。

来自《自由探索》，2001 年夏季刊

医疗危机

2009 年，奥巴马政府的时间主要都花费在了政治斗争上，争取让数千万没有医疗保险的美国人获得医疗保险。生活在其他工业化国家的人们难以理解这一举动，他们有选择医疗的权利，即便是保守派政府也不会在短期内剥夺这个权利。

美国人在医疗改革中面临的困难，更多地显示了美国人对政府的敌意，而不是对整个医疗体系的敌意。但是，在美国的这场辩论强调了一个基本的问题，这个问题也在 2010 年之后困扰了大多数的发达国家：控制医疗成本。

如今，美国所有支出的六分之一花在了医疗上——这既包括私人支出也包括公共支出，并且这个数字在 2035 年有望翻一番。这个比例比世界上其他任何地方都要高，但是在医疗支出远低于美国的国家，不断增长的医疗成本依然是一个问题。

很多地方是可以有所节省的，比如鼓励人们锻炼、拒绝吸烟、适度饮酒，以及减少食用红肉，都有助于降低医疗成本。但是，考虑到发达国家的人口老龄化，老年人的医疗成本不免会上升。所以我们必须找到别的省钱方式。

从这个角度开始是有意义的。治疗并不想继续生存下去的将死之人是一种浪费，但是只有少数几个国家允许医生积极地协助有此需要的患者死亡。在美国，差不多27%的医疗预算流向了生命最后一年的医疗。这些钱有一部分花在了一些患者可能会多活数年的希望上。对于医院来说，向没有任何指望能活过一两周的患者——通常是已经进入休眠状态或者几乎没有意识的患者，提供花费上10万美元的治疗，并不是什么不寻常的事情。

医生和医院方面在做出这样的决定时，一个重要的因素是他们怕患者的家人会因为挚爱的去世而去起诉他们。举个例子，医生会违背自己的最佳判断让濒死的患者恢复知觉，因为这些患者没有明确表明不愿意在这样的情况下复苏。

现行的医院收费体系运作方式是向患者提供贵且没有什么帮助的治疗的另一个因素。连接犹他州和爱达荷州医院的医疗网络——山间医疗保健公司（Intermountain Healthcare）改进了他们对早产婴儿的治疗方案，它减少了在重症监护上花费的时间，因此大幅削减了治疗费用。但是，医院提供的每项服务都是收费的，更好的医疗方案却意味着婴儿不用接受那么多的治疗项目，因此医疗网络每年需要为这一改变花费32.9万美元。

即便是消除了这样的负面激励措施，人们依然需要面对成本控制这一越来越严重的问题。一个方面是新药物的成本。8 亿美元的研发成本对于一种药物来说很常见，并且我们期待看到更多种类的新药物——从活细胞中提取的生物制药，甚至要花费更多的成本。

研发成本必须通过药品价格转嫁，当一种药物仅仅用于相对小众的患者时，价格就可能异常地高。举个例子，戈谢病（Gaucher's disease）是一种罕见的基因疾病，它会损坏基因状态，并且在最严重的情况下，患者在童年时期就会死亡。如今，这种疾病的患者可以回归到几乎正常的生活当中，这要归功于一种叫作重组葡糖脑苷脂酶注射剂（Cerezyme）的药物，但是使用这种药物一年要花费17.5 万美元。

新的医疗设备带来了同样的两难境地。人工心脏，即左心室辅助装置，也即 LVAD（Left Ventricular Assist Device），在患者接受心脏移植之前，一直被用来维持患者的生命。但是可供移植的心脏非常短缺，在美国，LVAD 已经被当作治疗心脏衰竭的长期手段，就好比透析仪取代了肾脏。

根据埃默里大学（Emory University）的马诺·贾因（Manoj Jain）的研究，每年大约有 20 万美国患者使用 LVAD 延长了一点寿命，成本大约是每位患者 20 万美元，总计 400 亿美元。对于一个在官方数据上有 3900 万人生活在贫困线（标准为四口之家年开销低于 2.2 万美元）以下的国家，这是对资源的合理利用吗？

在向公民提供免费医疗的国家，政府官员很难告诉所有人，政府不会为能够挽救他们生命——或他们孩子生命的唯一药物和器械买单。但是总有一天，这些话必须说出来。

没有人愿意用金钱衡量人的生命，但事实上，由于我们没有向在发展中国家工作的组织提供足够的支持，我们已经在暗中用金钱衡量人命了。予善网（GiveWell.net）对致力于拯救世界贫困人口生命的组织进行了评估，发现一些组织花费不到 1000 美元就可以拯救一个生命。

世界卫生组织估算，其在发展中国家推行的免疫项目，每救助一个人的成本大约是 300 美金——被救助的人并不仅存在于这一年，救助通常是终生性的。类似的，世界银行的《疾病控制重点报告》（*Disease Control Priorities Report*）告诉我们，由遏制结核病伙伴关系（Stop TB Partnership）推进的一个在发展中国家治疗结核病的项目，让很多人的寿命延长了一年，这一年的费用在 5 到 50 美元不等。

在这样的背景下，花费 20 万美元让一个富裕国家的患者多活相对很短时间的做法，变得不仅仅是财政上的犹疑，这在道德上就是错误的。

来自报业辛迪加，2009 年 12 月 7 日

公共医疗还是个人自由？

上个月①，两个针锋相对的判决值得我们的注意。第一个判决是美国上诉法院推翻了美国食品药物监督管理局（US Food and Drug Administration）对出售的烟草包装上必须加上危害健康图片警告的要求，另一个判决是澳大利亚最高法院支持了一部更为严格的法律。澳大利亚法律不仅要求在烟草包装上标注危害健康的警告以及印上吸烟造成身体损害的图片，还要求包装本身必须简单，以小号印刷体标注品牌名，无商标、单一橄榄褐色之外的其他颜色。

美国法院的判决基于美国宪法当中对于言论自由的保护。法院同意政府可以要求标注有事实根据的健康警示。但是多数法官，在一份单独的判决中认为，细化到要求图片的形式是不行的。在澳大利亚，问题在于法律是否是一种默示的无偿征用——在本案中，征用对象是烟草公司商标的知识产权。高等法院判决不构成无偿征用。

然而，这些差异的背后是一个更大的问题：谁来决

①2012 年 8 月。——译者注。

定公众健康和表达自由之间的适度平衡？在美国，做出决定的是法院，方式是通过对一部 225 年历史的文本进行解读，而且如果这个解读阻止了政府采取某些可能减少吸烟造成的死亡人数（在美国现阶段死亡人数约每年 443 000 人）的手段，那也顺其自然。在澳大利亚，表达自由并没有明确的宪法保护，法院更有可能尊重民主选举出的政府，从而达成一种平衡。

人们普遍认为，政府至少应当禁止售卖某些危险产品。无数的食品添加剂要么被禁止，要么被限制只能少量使用，用于儿童玩具涂层且吸入会造成损害的材料也是同样的处理。纽约市已经在餐饮业禁止了反式脂肪，且现在也在限制含糖饮料供应的允许分量。有许多国家禁止买卖危险工具，比如说没有安全防护的电锯。

尽管关于禁止不同的危险产品有许多理由，但是烟草是其中非常特殊的一种产品，因为没有任何一种产品，无论是合法还是不合法，造成了这样大数量的死亡——死于烟草的人数比起死于交通事故、疟疾、艾滋的人数加总还要多。烟草也很容易上瘾。再者，在医疗费用由所有人分担的部分——包括在美国，其提供涵盖穷人和老年人的公共医疗项目，所有人都要为治疗因烟草造成的疾病买单。

是否全面禁止烟草是另外一个问题，因为如果这么做，毫无疑问会为团伙犯罪带来一个新的收入来源。这看起来很奇怪，但是，原则上国家可以禁止买卖某种商品，却不能只允许售卖包装上有健康警示图片的烟草。

烟草产业将要在世界贸易组织（World Trade Organization）打响反对澳大利亚立法的战役。业界担心，澳大利亚的法律会为更大的市场所效仿，例如印度和中国。

事实上，只有差不多15%的澳大利亚人和20%的美国人吸烟。但是，《柳叶刀》（*The Lancet*）近期发表了一个调查，调查覆盖了14个中低收入国家，显示这些国家平均有41%的男性吸烟，且开始吸烟的年轻女性的数量也在不断增加。世界卫生组织（World Health Organization）估算，在20世纪，总共约有1亿人死于吸烟，而且这个数字在21世纪会增长到10亿。

国家可以在多大程度上促进人口健康，有关的讨论时常以约翰·斯图尔特·密尔①的原则开头，即将国家的强制力限制在防止对他人造成伤害的行为上。如果在烟草包装上标注健康警示的要求，甚至印上病肺的图片可以帮助人们明白他们所做出的选择，密尔应当是可以接受的，但是他应当会反对全面禁止烟草的行为。

然而，密尔关于个人自由的辩护，默认个人是其自身利益最佳的决策者和维护者——这个观点如今看来近乎天真。当代广告技术的发展带来了密尔时代和我们时

①约翰·斯图尔特·密尔（1806—1873），英国著名哲学家、心理学家和经济学家，古典自由主义思想家，哲学观倾向于功利主义。——译者注。

代的重要差别。商业公司已经学会了如何向我们售卖不健康产品，其主要手段就是迎合我们在潜意识中对地位、吸引力以及社会认可的渴求。结果，我们发现自己在不知道为什么的情况下，买了某种产品。烟草制造商们也懂得如何去操作其产品的性能，使其有最大的上瘾性。

吸烟造成健康损害的图片可以中和这些潜意识中的吸引力，由此促进更加慎重的决策，并且使得人们更容易坚持戒烟的决心。我们不应拒绝这些限制自由的法律，而是应当将它们作为一种手段，在大公司毫不掩饰地引导我们的理性和反应时，给个人和大公司之间提供一个公平竞争的方式。要求出售的烟草必须使用素色包装，且要标注健康警示以及印上相关图片，这项立法唤醒了我们内在的理性部分，实现了立法上的平等。

来自报业辛迪加，2012 年 9 月 6 日

越胖越烧钱

人类正在变得越来越肥胖。在澳大利亚、美国和其他一些国家，见到一些人胖到蹒跚而不能正常走路，已经是司空见惯的事了。肥胖人口数量不仅在富裕的国家陡坡式增长，在中等收入以及贫穷的国家同样在发生增长。一个人的体重仅仅是他/她自己的事情吗？我们就应该简单地对于不同的体型更加宽容吗？我不这么认为。肥胖是一个伦理问题，因为体重的增加意味着给其他人强加了某种成本。

我是在机场写这篇文章的，此时一位苗条的亚洲女性正拖着我估计有 40 公斤的行李办理登机。她为超出限额的行李支付了额外的费用。一个看起来比这位女性至少重 40 公斤的男人，由于他的行李并没有超出限额，因此没有支付任何额外费用。但对于飞机的引擎来说，不管是行李的重量还是身体的重量，负担上都是相同的。

澳洲航空公司（Qantas）前首席经济学家托尼·韦伯（Tony Webber）指出，自 2000 年以来，澳洲航空公司搭载的成年乘客平均体重增加了 2 公斤。对一架像空客 A380 这样的大型现代机组来说，从悉尼飞到伦敦，乘客体重的增加意味着额外 472 美元的燃料消耗。如果这一航班在这一路线每天往返 3 次，1 年后，燃料消耗将增加 100 万美元。换言之，就当前的利润而言，大约有 13%的航班利润用于运营这条航线。

韦伯建议航空公司应当设置一个标准乘客体重，比如说 75 公斤。如果一个乘客体重达 100 公斤，那么就应当收取额外的燃油费用。对于超重 25 公斤的乘客，往返悉尼和伦敦的机票附加费为 29 澳元。而体重只有 50 公斤的乘客可以享受同等的折扣。另一种方式是为乘客和行李一并设立一个标准，然后要求乘客拿着行李一起称重。这样的好处就是可以避免有些乘客不愿意透露自己的体重而产生尴尬。

和我讨论这个提议的朋友经常会说，许多肥胖的人并不是自愿超重的——他们只是和其他人的新陈代谢不太一样。但是，不管是基于行李重量还是基于体重，为超重支付费用并不意味着惩罚某种犯罪。这是一种让你去补偿行程真实成本的一种方式，而不是将这些费用强加给你同行的乘客。乘飞机和医疗是不同的，它并不是一种人权。

飞行燃料的增加并不仅仅是成本的问题，同时也意味着更多的温室气体排放，以及随之而来的全球变暖问题的激化。这是一个体现我们身边其他公民的体型如何影响到我们所有人的微小事例。当人们变得更加肥硕，适应巴士或者火车设计的人越来越少，这就增加了公共交通的成本。现在的医院也不得不订购更加结实的床和手术台，建超大型厕所，甚至为太平间定制超大的冷库——这一切都增加了他们的成本。但是，超重带来的更明显的成本是导致了更多对于医疗的需求。去年，北美精算师学会（Society of Actuaries）估计，在美国和加拿大，超重和过度肥胖的人已经花费了总计1270亿美元的额外医疗开销。这给支付医疗费用的纳税人，以及购买私人医疗保险的人增加了成百上千美元的年度医疗成本。同一项研究指出，生产力损失的成本，既包括在工作的，也包括因为肥胖而完全无法工作的，总计达到1150亿美元。

这些事实足够让防止体重继续增加的公共政策合理化。向那些导致肥胖的食物征税可能会有用，特别是那些没有营养价值的食物，比如含糖饮料。这笔增加的税收可以用于抵消超重人群强加给其他人的额外成本。如果这些食物成本的增长能抑制人们的购买，那么将有利于有肥胖风险的人们，肥胖是排名第二的可阻止的致死因素，仅排在烟草之后。

我们中的许多人对我们的星球能否养活已超过70亿的人口的担忧是正确的。我们不仅仅应该从数量上考虑人口规模，还应该从人口数量和人口平均体重的乘积上来考虑。如果我们重视人类的可持续性发展以及地球的自然环境，“我的体重是我自己的事情”就不再是一个真命题了。

来自报业辛迪加，2012年3月12日

我们应当长命千岁吗？

我们在医药和生物科学的研究中，应当关注些什么问题呢？有一个强有力的观点主张，应当致力于解决致死人数最多的疾病——比如说疟疾、麻疹以及腹泻。这些疾病在发展中国家造成数百万人的死亡，但是在发达国家病例却很少。

发达国家将大部分的研究经费用在了研究自己的公民所遭受的疾病当中，而且在可预见的未来，这个趋势似乎还是会继续。考虑到这样的局限，医药学上什么样的突破会最大程度地改善我们的生活呢？

如果你的第一个想法是“治愈癌症”或者是“治愈心脏疾病”，那么请你三思。SENS 基金会的首席科学长官、世界上最著名的抗衰老研究倡导者，奥布里·德·格里（Aubrey de Grey）认为，如果不解决衰老本身，就把我们的绝大部分医疗资源花在抗击衰老疾病上是毫无意义的。如果我们治愈了其中一种疾病，本应死于这些疾病的人几年后可能会死于其他疾病，收益可以说是非常有限的。

在发达国家，衰老是造成90%死亡的最终原因，因此，治疗衰老是所有老年疾病预防医学的一种形式。进一步来说，在衰老导致我们死亡之前，其也减弱了我们享受生命及为其他人的生命做出积极贡献的能力。因此，较之针对某种人到了一定年龄就很可能患有的特定疾病，尝试预防或者修复因衰老产生的身体损害，难道不是更好的策略吗？

德·格里认为，未来 10 年内，即使这一领域的进步不大，也会给人类寿命带来大幅延长。我们需要做的一切，就是去研究他所谓的“寿命逃逸速度”（longevity escape velocity），也即一个时间点。在这个时间点上，我们有效地延长寿命，为进一步科学研究留出时间，从而完成下一次寿命延长，因此就有更大的进步和更长的寿命。德·格里最近在普林斯顿大学的演讲中谈道：“我们不知道第一个能够活到 150 岁的人现在是多大年纪，但是可以相当确定，科学研究会很快将比此人年轻不到 20 岁的人的寿命延长至 1000 岁。”

这一前景最吸引德·格里的地方不在于人类可以永生不死，而是在于通过对于衰老过程的某种控制来延展健康、年轻态的生命。在发达国家，让那些年轻人或者中年人保持更长久的青春，将减轻日益迫近的人口问题，即高龄人口比例达到历史上前所未有的水平，而且通常伴有对年轻人更强的依赖。

另一方面，我们仍然需要提出伦理上的问题：我们在寻求如此大幅地延长自己的寿命，是否是一种自私？

以及，如果我们成功了，结果是否对于一些人是好的，而对于另一些人却是不公平的？

富裕国家的人民已经比最贫穷国家的人民多出了三十年的预期寿命。如果我们发现了减慢衰老的办法，我们可能要面临这样一个世界：当贫穷的大多数人必须面对死亡时，富裕的少数人才刚过完预期寿命的十分之一。

上述悬殊是我们认为克服衰老会加剧世界不公平的一个原因。另一个原因是，如果人口持续出生，而另一些人没有死去，地球上的人口会以一个甚至比当下更快的速度增长，这很可能会使有些人的生活过得比原本更糟糕。

我们能否克服这些反对的声音，取决于我们对于未来科技和经济发展的乐观程度。德·格里对于第一重反对意见的回应是，虽然抗衰老疗法一开始可能会很昂贵，但是价格有可能会降低，就如同其他许多新型产品一样，比如电脑，比如防止艾滋病恶化的药物。如果世界的科技和经济继续发展，人们会变得更加富有，并且从长远来看，抗衰老疗法会惠及所有人。所以为什么不从现在开始，并且给予其优先权呢？

对于第二重反对意见，和很多人的设想不同，在克服衰老方面的成功，其本身就给了我们找到人口问题解决方案的喘息间隙，因为它同样延缓甚至消除了更年期，使得女性可以在比现在更晚的年纪生下头胎。如果经济持续发展，发展中国家的生育率也会像发达国家一样降低。最后，科技也可以反驳基于人口问题的一些反对意见，科技的发展可以提供新的能源，且不会增加我们的碳排放。

基于人口问题的反对意见抛出了一个更深层次的哲学问题：如果我们生存的星球对于人口的承载能力有限，那么人少活久和人多命短，哪个会比较好？认为人少活久比较好的一个理由是，只有出生的人才会知道死亡夺走的是什么，而那些不存在的人，不会知道他们失去了什么。

德·格里成立了 SENS 基金会用于促进抗衰老的研究。以大多数的标准来看，他在集资上的努力是成功的，因为基金会现在已经获得了差不多 400 万美元的年度预算。但是，从医学研究基金会的标准来看，这些钱依然少得可怜。德·格里可能是错的，但是如果哪怕是只有一点点机会能证明他是对的，巨大回报将会使抗衰老研究成为比目前资金雄厚得多的其他医药研究领域更优的赌局。

来自报业辛迪加，2012 年 12 月 10 日

第五编：论性与性别

兄弟姐妹乱伦是犯罪吗？

上个月①，作为向联邦议院报告的法定实体，德国伦理委员会（German Ethics Council）提议，不应再将成年兄弟姐妹之间的性行为视为犯罪。紧跟着这一提议，2012年，欧洲人权法院的一项判决，将一名与其姐妹发生性关系的莱比锡男子定罪。由于该男子拒绝放弃这段关系，其将在监狱当中服刑数年。（他的姐妹被认定责任较轻，并未收监。）

成年人之间的乱伦并非在所有法域当中都是犯罪。在法国，1810年拿破仑颁布其新的刑法典时，就已经抛弃了这项罪名。自愿发生的成年人乱伦行为在比利时、荷兰、葡萄牙、西班牙、俄罗斯、中国、日本、韩国、土耳其、科特迪瓦、巴西、阿根廷及其他几个拉丁美洲国家均不构成犯罪。

伦理委员会严肃认真地进行了调查。其报告（目前仅有德文版本）以那些在这种禁忌关系中的人的证词开头，特别是那些成年后才互相认识的同父异母或同母异父的兄弟姐妹。这些情侣讲述了将其关系罪行化给他们

①2014年9月。——译者注。

带来的困境，包括被敲诈勒索，以及被威胁失去之前关系中所拥有的孩子的监护权。

这份报告并没有试图对双方同意的、成年兄弟姐妹之间的乱伦行为做出伦理道德上的评判。反之，其提出了用刑法来禁止这样的关系是否有足够的依据这样一个问题。报告指出，在其他任何情况下，刑法都不会禁止有自我决定能力的人之间自愿的性关系。报告主张，这种对私人生活核心领域的入侵，有必要找到一个明确且令人信服的理由。

报告审查了一些可能有足够合理化依据的理由。存在出现基因异常儿童的风险是一个理由。但是，即便这个理由十分充足，也只能合理化比现在对乱伦的禁止更窄或者更宽的禁令。

从更窄的角度来说，这个理由仅适用于可能会存在孩子的情形：莱比锡男子的案子引起了人们的注意，他在 2004 年就已经做了输精管切除术，但是这并不影响其承担刑事责任。防止产生基因异常的目的，可以合理化更宽的禁令，即禁止所有有高度风险产生异常后代的夫妇之间的性关系。德国在历史上有过纳粹独裁，让如今的德国人将这一目的作为允许国家来决定谁可以生育的理由是十分困难的。

伦理委员会也考虑到了保护家庭关系的需要。报告注意到，兄弟姐妹之间的乱伦几乎没有影响到任何家庭。这并不是因为乱伦是一种犯罪，而是因为同样的家庭或者类似家庭（包括将无血缘关系的孩子一起抚养的以色列基布兹①）的环境，会有弱化性吸引力的倾向。因此，兄弟姐妹之间的乱伦很少发生。

但是，报告承认了保护家庭关系是目的，并利用其将成年兄弟姐妹之间性关系的合法性限制在一定范围。报告称，其他近亲属之间的性关系，例如家长和成年子女之间，则是另外一种不同的情形，因为代与代之间存在不同的权力关系，而且更有可能破坏其他的家庭关系。

社会心理学家乔纳森·海特（Jonathan Haidt）向其实验对象介绍了茱莉和马克的故事，即一起度假的成年兄弟姐妹决定发生性关系，他要看看实验对象的反映。如其所言，乱伦的禁忌更加深入人心。在这个故事中，茱莉已经服用了避孕药，但马克为了安全起见还是使用了避孕套。他们很享受这次经历，但是决定不会再发生第二次。这件事情成了一个秘密，甚至让他们之间更加亲近。

海特随即询问了其实验对象，茱莉和马克是否可以发生性关系。多数人的回答是不可以，但是当海特问及原因时，他们给出的理由却是这个故事已经排除掉的——例如，近亲繁殖的危害，或者是关系当中可能遭受的风险。当海特向其实验对象指出，他们给出的理由

①以色列基布兹（Israeli kibbutzim）是20世纪初，由国外移居以色列的犹太人建立的一种农业集体组织，参与基布兹的人财产共有，共同劳动，按需分配，民主决策。——译者注。

并不适用这一案例，他们通常会回答："我不知道怎么解释，只是觉得这样做是错的。"海特将这一现象称为"道德失声"（moral dumbfounding）。

可能并非巧合，当德国总理安格拉·默克尔（Angela Merkel）领导的基督教民主党发言人被要求就伦理委员会的提议做出评论时，她也说了一些完全不在要点上的话，并提到了保护儿童的必要性，这或许并不是巧合。但是，报告本身并没有任何涉及儿童的乱伦的提议，而因为触犯刑法被抓的人甚至在儿童时代都不认识彼此。

在乱伦禁忌的语境下，我们的回应有一个明显的进化论解释。但是我们应当允许我们对于什么是犯罪的判断，为某种厌恶情绪所决定吗？虽然这种厌恶情绪可能确实加强了我们没有有效避孕措施的祖先的进化适应性。

甚至讨论这个问题本身都是有争议性的。在波兰，雅盖隆大学（Jagiellonian University）的哲学教授简·哈特曼（Jan Hartman）在网上发表了一则评论，表达了与德国伦理委员会一致的观点。校方认为哈特曼的表述是"对大学教师职业神圣性的摧毁"，并且将此事提交给了纪律委员会。

如此名校如此迅速地忘记了，表达自由是大学教师职业神圣性的必要部分，而这所学校似乎屈从于了某种本能。对于成年兄弟姐妹之间的乱伦是否仍然应当是犯罪的理性讨论，这不是一个很好的征兆。

来自报业辛迪加，2014 年 10 月 8 日

后记：德国政府未采纳其伦理委员会的提议。哈特曼教授被其学校的纪律官员审问了两次，但是在其提供了支持其陈述的事实内容的证据后，纪律程序没有再继续了。

虚拟世界的恶行

在一款非常流行的网络角色扮演游戏《第二人生》（*Second Life*）中，人们可以为自己创立一个虚拟身份，选择他们的年龄、性别以及外貌。这些虚拟的角色会和真实世界的人们做一样的事情，比如发生性关系。基于你的偏好，你可以选择比你年长或者年轻的人发生性关系——可能年长很多或者年轻很多。实际上，如果你的虚拟身份是一个成年人，你可以选择和一个虚拟身份是儿童的人发生性关系。

如果你在现实世界产生如此行为，大部分人都会认为你犯了严重的错误。但是，和一个虚拟的儿童发生了虚拟的性爱是严重的错误吗？

有些《第二人生》的玩家给出了肯定答案，并且郑重宣布会曝光这样做的人。同时，这个游戏的生产商林登实验室（Linden Labs）也表示，他们会修改游戏设置，防止玩家与虚拟儿童发生性关系。德国检察官也被卷入了这一事件，尽管他们的关注点似乎是游戏有传播儿童色情的嫌疑，而不是人们是否与虚拟儿童发生了虚拟性关系。

其他国家抵制儿童色情的法律，也在禁止这些允许与虚拟儿童发生虚拟性关系的游戏中发挥了作用。在澳大利亚，维多利亚法律研究所（Law Institute of Victoria）刑法部首席康纳·奥布莱恩（Connor O'Brien）近期在墨尔本报刊《时代报》（*The Age*）上发言，他认为应当以出版涉及性内容的儿童图片的罪名起诉《第二人生》的生产商。

这部法律有坚实的基础，其保护儿童免于性剥削。当涉及成年人之间经同意的性关系时，很多事情就存在伦理上的可质疑性了。如同许多有思想的人们坚信的那样，成年人选择在卧室里做什么，是他们自己的事情，国家不应当窥探。

如果在你与你的成年伴侣做爱之前，伴侣扮成学龄儿童的样子来挑逗你，而且他/她本身也乐在其中，你的这个行为可能会被多数人厌恶，但是只要是发生在私下里的，很少有人认为这是犯罪。那么，通过网络连接的在电脑终端发生的性爱——同样，假设都是成年人自愿参加的，跟此类性爱有非常的不同吗？

当有人意图将某种行为定为犯罪时，我们应当问：谁是受害人？如果事实证明通过与虚拟儿童发生虚拟性关系产生的性幻想，增加了现实生活中人们成为恋童癖的概率，现实生活中的儿童就会受到伤害，那么禁止虚拟恋童癖的理由就更加坚实了。

但是从这个角度看又产生了另外一个关于虚拟行为

的问题，这个问题可能并没有那么重要，即电子游戏的暴力问题。

暴力电子游戏的玩家通常都处在易受外界影响的年纪。一款非常流行的暴力电子游戏《毁灭战士》（*Doom*）是埃里克·哈里斯（Eric Harris）和迪伦·克莱伯德（Dylan Klebold）的最爱，而这两人是科伦拜校园（Columbine High School）枪击事件中的青少年罪犯。在屠杀前，他们录制了一段令人毛骨悚然的录像，哈里斯说："这就要像他妈的《毁灭战士》里一样了……这杆枪（此时哈里斯亲吻了枪支）绝对是命中注定！"

还有一些酷爱暴力游戏的人最终变成杀人犯的案例，但是这些案例并不能证明暴力游戏和杀人之间的因果关系。然而，这些游戏的影响，应该引起越来越多的实验室和实地科学研究的重视。在《论暴力游戏对儿童和成人的影响》（"Violent Video Game Effects on Children and Adults"）一文中，爱荷华州立大学心理学系（Department of Psychology at Iowa State University）的克雷格·安德森（Craig Anderson），道格拉斯·金泰尔（Douglas Gentile）以及凯瑟琳·巴克利（Katherine Buckley）将这些研究整合了起来，认为暴力电子游戏助长了攻击性的行为。

如果刑事指控在反对暴力电子游戏方面太过滞后，那么可以对玩暴力视频游戏的人犯下的暴力罪行的受害者或受害者家属进行赔偿。迄今，此类案件已经被推翻，至少部分原因是生产商无法预见他们的产品会导致使用者犯罪。但是安德森、金泰尔以及巴克利所提供的证据，弱化了这一辩护理由。

德国主流电脑及电子游戏线上杂志斗嘴网（Krawall.de）的主编安德烈·佩斯克（André Peschke）告诉我，在电子游戏行业从业的这几十年里，他从来没有见过行业内关于生产暴力游戏的伦理问题有如此严肃的讨论。生产商退守到简单断言“没有科学证据证明暴力电子游戏会导致犯罪行为”的位置。但是有时候，我们不能够等待证据出现。在这些案例当中，有一个结论似乎是明确的：风险很高，而且这一风险超出了暴力电子游戏带来的益处。这一证据可能并不是终结性的，但是它却足够坚实，再不能被忽略。

关于《第二人生》中虚拟恋童癖的文章如同井喷，但它们可能都关注错了目标。法律应当适当地控制电子游戏，不是在它们能让人们去做现实当中是犯罪的事情时，而是在有证据让我们能够合理判断，它们可能会增加现实生活中严重犯罪可能性的时候。眼下，与认可虚拟现实导致恋童癖相比，游戏导致暴力犯罪的证据要确凿得多。

来自报业辛迪加，2007 年 7 月 17 日

一件私事？

公众人物可以有私人生活吗？最近，发生在三个不同国家的事件强调了这个问题的重要性。

在法国总统的选举当中，两位候选人都试图将其家庭生活与他们的选举活动隔离开来。塞格林·罗雅尔（Ségolène Royal）与弗朗索瓦·奥朗德（François Hollande）有四个孩子，而他们之间并没有婚姻关系。当被问到他们是否是一对夫妻的时候，罗亚尔回答："我们的生活属于我们自己。"类似地，在回应总统当选人尼古拉·萨科齐（Nicolas Sarkozy）的妻子已经离开他的谣言时，萨科齐的发言人说道："这是一个私人问题。"

法国有着尊重政治家个人生活隐私的长期传统，并且法国的舆论较之美国是要更宽容的。在美国，生育了四个孩子的未婚妈妈是不可能有机会被多数党提名为总统候选人的。事实上，在上个月①，美国国务院顶级对外援助顾问兰德尔·托拜厄斯（Randall Tobias），在承认其接受所谓"高端异域风情"的应召女郎服务之后辞职——尽管托拜厄斯说自己只是做了一次按摩。

---

①2007 年 4 月。——译者注。

在英国，首席执行官约翰·布朗勋爵（Lord John Browne）辞职，他曾将英国石油公司（BP）从一个二等的欧洲石油公司变成世界巨头，他承认其就与一位伴侣会面的情形（据传，他是通过某男性应召中介与之见面的）向法庭撒谎了。在辞职的时候，他说他将永远把自己的性取向视为一件私事，并且他对于某些媒体——《星期日邮报》（*The Mail on Sunday*）将其公开的做法非常失望。

应当根据其政策主张和表现来对公职候选人及那些高级政府和公司职位的候选人进行评价，而不是通过一些与他们履行，或者将要履行公共职责的好坏无关的私人行为。当然，有的时候这二者是有重叠的。《星期日邮报》的姊妹刊物《每日邮报》（*The Daily Mail*）认为他们公开布朗爵士前伴侣的爆料是合理的，理由在于这些爆料中包含了对布朗勋爵允许其伴侣使用公司资源为自己谋利的指控。英国石油公司否认了存在这些行为。

作为美国国际开发署（US Agency for International Development）的官员，托拜厄斯执行了布什政府的行政政策，要求从事防治HIV/艾滋病工作的组织，如果他们想要得到美国的援助，就必须谴责卖淫。这一政策使得帮助在高HIV/艾滋病风险下的性工作者变得更加困难，因此受到了批评。可以说，公众有兴趣知道执行这些政策的官员本身，是否自己也在购买性服务。

当个人的道德问题并不会对个人作为商业执行者或

政府官员的表现产生影响时，我们应当尊重个人隐私。但是作为政治领袖的候选人，情况又是怎样的呢？

由于政治家希望我们信任他们并给予他们全方位的权力，我们可以主张，应当尽可能了解他们的道德品质。例如，我们可能合理地询问他们是否足额纳税，或者要求了解他们的慈善捐助情况。这些事情会告诉我们他们对于公共利益的关注度。同样，三年前，时任澳大利亚反对党领袖、极具抱负的马克·莱瑟姆（Mark Latham）被曝光殴打一名出租车司机，并且在车费的争执中打断了司机的胳膊。这个报道对于认为一个国家的领袖应当制怒的人们是有意义的。

但是了解政治家情况的合法利益是否能扩展到个人关系的细节上呢？在各个领域划定一个原则界限，并且确定知晓这一原则是否会提供与政治家道德品质有关的信息是非常困难的。问题在于，媒体会倾向于发布能够增加他们读者的信息，而个人信息，尤其是与性相关的，非常能够吸引读者。

即便如此，人们选择是否结婚，是同性恋还是异性恋，甚至他们是否为满足异域性癖好付费或不付费，对于告诉我们他们是否是值得信任并作为高级政府官员的好人，是有一些帮助的——当然，除非他们说一套做一套。如果我们能够培养出对于人类多样性更加广泛的容忍度，政治家、商业领袖、行政官员可能会不那么害怕"曝光"，因为他们会意识到，他们并没有做什么一定要遮遮掩掩的事情。

卖淫在美国的多数地方是不合法的，包括华盛顿特区，这可能是托拜厄斯辞职的一个原因。但是，上个月[①]，当新泽西州州长约翰·考辛（John Corzine）被卷入一场严重的路面交通事故时，人们皆知晓了州长违反了本州法律，没有系安全带。以任何合理的标准来衡量，科尔津的违法行为都要比托拜厄斯要严重。但没有人认为科尔津应当因其愚蠢和违法行为辞职。至少在美国，违反性道德仍旧会带来道德上的谴责，而与其带来的任何实际伤害并没有关系。

来自报业辛迪加，2007 年 5 月 14 日

①2007 年 4 月。——译者注。

第六编：论行善

1%的解决方案

现在有超过 10 亿人每天的生活费以购买力换算是低于 1 美元的。在 2000 年，美国针对各种国际援助的私人捐款总共大约每人 4 美元，或者说差不多每个家庭 20 美元。通过美国政府，他们另外每人捐助了 10 美元或者每个家庭 50 美元。总共的数量是每个家庭 70 美元。

相比之下，在世贸中心被毁的余波中，美国红十字会收到了巨额钱款，以至于放弃了去审查有多少潜在的受助者。它画了一条横穿下曼哈顿区的基准线，提供给所有生活在该基准线之下的人们，相当于三个月房租的补助（或者如果他们拥有自己的房屋，相当于三个月按揭贷款和维护费用）。如果受助人主张受到了双子塔被毁的影响，他们也可以获得支付水电和食品的钱。

生活在低于该基准线地区的大部分居民没有被转移或疏散，但是无论如何他们获得了按揭贷款和房租的补助。红十字会的志愿者在居住着金融分析师、律师和摇滚明星的高档公寓楼的大厅里，摆起了牌桌，告诉居民关于这项补助的信息。人们支付的租金越高，他们能获得的钱就越多。在 2001 年 9 月 11 日，居住在下曼哈顿区的纽约居民，无论是否富裕，都可以获得平均每户 5300 美元的补助。

70 美元和 5300 美元的差距，是一个强硬的证明，表明美国人对于其公民利益相比于其他地方的人们更加重视。这甚至都低估了这一差距，因为收到这些钱款的美国人，一般不比世界上最贫穷的人更需要这笔钱。

在联合国千年首脑会议（UN Millennium Summit）上，世界上的国家为自己设置了一个目标，其中最引人注目的就是到 2015 年，将生存在贫困线上的人口数减半。世界银行估算了实现这些目标，每年需要花费额外的 400—600 亿美元。但到目前为止，这笔钱还没有到位。

尽管被描述为“有野心”，但千年首脑会议的目标仍然是保守的，因为将生存在贫困线上的人口数减半，所需要做的——在整个十五年里，就是实现改善一半世界上最贫穷人口的生活，并且将他们拉到贫困线以上。理论上讲，这可能还是会让最贫困的 5 亿人停留在和现在一样的可怕的贫困当中。还有，在 15 年中的每一天，成千上万的儿童会死于与贫困相关的种种事由。

筹集这必需的 400—600 亿美元，平摊到每个人头上是多少呢？发达国家总共有约 9 亿人口，其中有 6 亿是成年人。每位成年人在未来的 15 年里，每年捐献 100 美元，就能够实现千年首脑会议的目标。对于平均年薪 27 500美元的发达国家，这点捐赠只相当于年收入的

0.4%，或者说，他们每挣2美元，只要捐出不到1美分。

当然，并不是富裕国家所有的居民都在满足基本生活需要后，还有闲钱。但是在贫穷的国家也有上亿的富人，他们同样要有所付出。因此，我们应当主张所有有闲钱的人，在满足自身及家庭的基本生活需要之后，应当向相关组织捐出至少0.4%的收入，来帮助世界上最贫困的人口，这样的话就很可能足够完成千年首脑会议的目标了。

相比于0.4%，更有象征意义的数字应当是1%，现有的政府援助体量增加1%［除了丹麦，世界上的任何国家的政府援助体量都不超过国民生产总值（简称GNP）的1%，而美国仅有0.1%］，可能就更接近于消除全球贫困人口，而不仅仅是减半。

我们倾向于认为慈善是一种“道德选择”——做是好事，但不做也不是坏事。只要一个人不杀人、不伤人、不偷盗、不欺骗，等等，就可以成为一个道德高尚的公民，即便他的消费非常奢侈，但是没有为慈善捐助一分一毫。然而，这些负担得起奢侈消费的人，却没有和穷人分享哪怕收入的一个零头，必须为他们本应该阻止的死亡承担一些责任。那些没有达到1%捐助标准的人，应当被视为做了不道德的事情。

考虑过自己伦理义务的人会认同——因为无论我们做了什么，并不是所有人都付出了哪怕1%，他们应当付出更多。我在上次倡议的时候捐赠了更多的钱。但是如果我们通过提高现实成功概率的方式来改变我们的标准，将关注点放在对每个人做了什么的期待上——有一些话必须明确，那么，为了克服世界贫困，人们必须捐赠至少 1%的年收入，这将会给人们带来一个在道德上体面的生活。

这种量级的付出，不需要什么道德上的豪言壮语。而没有达到这个标准，却会体现对于持续性贫困，以及对于本可避免的因贫困造成死亡的漠视。

来自报业辛迪加，2002 年 6 月 21 日

后记：好消息！极端贫困的人口数（现在世界银行定义其为每天生活消费不足 1.90 美元的人口数）在本专栏文章写作以来，已经持续降低，在 2015 年底降至 7 亿 2 百万。这是第一次出现极端贫困人口数低于世界人口总数 10%的情况。

让慈善机构有责任感

假设你担心非洲的儿童死于可预防的疾病，你想向一个致力于减少此类死亡人数的慈善机构捐款。但同时，也有很多其他的慈善机构在做同样的事情。那么，你会如何选择呢？

很多人对慈善机构提出的第一个问题就是：我的捐款有多少是花在机构行政上的？在美国，这个数字已经能够在“慈善导航者”（Charity Navigator）网站上获取到了。该网站目前已有五百万用户。但是，这些信息是从慈善机构自身填写并寄送到税务机关的表格中获取的。没有人会核实这些表格，而且机构行政费用和项目花销的比例，可以通过微小的账目调整轻易更改。

更糟糕的是，即便这一数据是精确的，它也不会透露出任何关于这个慈善机构影响力的信息。控制机构行政费用的压力会使得一个组织效率降低。例如，一个致力于减少非洲贫困的机构裁减掉有专业知识的员工，其更有可能以失败结束一些筹款项目。甚至它可能都不知道哪些项目是失败的，因为评估并且总结经验教训都是需要人力的——这都增加了机构行政成本。

2006 年，霍尔登 · 卡诺夫斯基（Holden Karnofsky）和埃莉 · 哈森菲尔德（Elie Hassenfeld）面临了一个问题，即如何让慈善机构能最大限度地利用他们的资金。当时他们 25 岁左右，在一家投资公司有着年薪六位数的工作——这样的收入远多于他们的需求，并且正在考虑捐出一部分钱，帮助这个世界变得更好。作为投资顾问，他们从来不会在不了解一个公司如何实现其目标的细节信息时，给出投资该公司的建议。对于他们所要捐款的慈善机构，他们也想要做出类似的知情决定。

于是卡诺夫斯基和哈森菲尔德及六位同样在金融业工作的朋友，把这个领域分成几个部分，看看哪些慈善机构是有效的。他们联系了一些组织，并且收到了许多很吸引人的广告材料，但是没有一个回答了基本的问题：慈善机构如何使用他们的资金，以及他们的活动有助益的证据是什么？他们给很多慈善机构打了电话，但最终意识到了一个似乎非常明显的事实：在上述那些方面并没有可获得的信息。

一些基金会说他们工作有效性的信息是保密的。卡诺夫斯基和哈森菲尔德认为，这不是一个慈善机构良好的工作方式。为什么关于如何帮助人们的信息是保密的？在卡诺夫斯基和哈森菲尔德看来，慈善机构没有为这些问题做好准备的事实，这表明了其他捐赠人和基金会多少是有些盲目的，对于帮助谁这个问题，他们并没有获得做出坚实判断的必要信息。

卡诺夫斯基和哈森菲尔德现在有了一个新目标：收集并公开这些信息。为此，他们成立了一个叫作“善行”（Give Well）的组织，这样其他的捐赠人就不需要在获取信息的时候，经历像他们二人之前那样的困境。

然而，卡诺夫斯基和哈森菲尔德很快就意识到，仅仅利用业余的时间去完成这项任务显然是不够的。翌年，在从同事那里筹集到300 000美元资金之后，卡诺夫斯基和哈森菲尔德离职了，并且开始了在“善行”及其关联拨款机构“明白基金”（The Clear Fund）的全职工作。他们提供了25 000美元的基金，分给五大人道援助种类，邀请了各慈善机构申请此基金，申请流程要求各机构申请者提供他们所需要的信息。通过这种方式，确保他们筹款的绝大部分，能够流向每一个种类最有效率的慈善机构，同时这也激励了慈善机构的运作透明化以及评价体系严格化。

第一份关于哪些组织在救助及改变非洲人口的分类下最有效率的报告，目前已经可以在“善行”的网站上获取了。国际人口服务组织（Population Services International）在报告中名列前茅，这一组织通过推广和售卖类似避孕套一类的产品，防止艾滋病病毒的传播，以及通过推广蚊帐，防止疟疾的传播。在其后的是健康伙伴基金会（Partners in Health），其向贫困的农村人口提供医疗服务。排名第三的组织是互助整形组织（Interplast），其关注的领域更加狭窄，仅在诸如治疗唇腭裂的正畸项目上。

评估慈善机构可能比做出投资决定更加困难。投资人们会关注经济回报，因此在评估不同价值的时候没有什么太大问题——最终都是要折换成金钱的。但是，将矫正面部缺陷而减轻的痛苦，和拯救一个人的生命做比较，是非常困难的。这二者并不在一个价值体系当中。

同样，在另一方面，慈善机构的评估耗时且昂贵。许多组织，包括一些最知名的致力于非洲反贫困的组织，可能会出于某些理由，不回应“善行”对于机构信息的请求。毫无疑问，他们计算过，获得 25 000 美元资金的机会并不值得通过公开信息来换取。但是如果捐赠人开始接受“善行”的推荐，那么“善行”中排名更高的机构，能获得的可能远远比上述资金价值更多。

这就是为什么说“善行”是革命性的。在美国，个体捐赠人每年会向慈善机构捐款大约2000亿美元。没有人知道如此大额的资金为实现捐赠人意向支持的目标，在多大程度上被有效使用。通过激励慈善机构运营变得更加透明，以及更加关注效率，“善行”可以让我们的慈善捐款比此前做更多的善行。

来自报业辛迪加，2008 年 2 月 14 日

后记：在本专栏文章写作后的几年，“善行”一直茁壮成

长，并且招募了更多的员工，做了更多的研究工作。在2015年，作为其研究工作的成果，“善行”追踪到流向其推荐的慈善机构的捐款大约有1亿美元。目前“善行”的慈善机构排行名单可以在www.givewell.org网站上获取。

明目张胆的仁慈

耶稣说过，我们应当私下给予施舍，而不是在别人的注视之下。这与常识的观点相符合，即如果人们只在公共场合做好事，他们的动因可能是渴求获得慷慨的名声。可能在没人看到的地方，他们一点也不慷慨。

这一观点可能会让我们鄙视那些慈善标识，也就是把捐赠人的姓名放在音乐厅、艺术博物馆和高校大楼明显的位置。通常来说，捐赠人的姓名不仅仅会被挂在整个建筑上，而且还会出现在筹款人和设计师能够管理的后续部分中。

根据进化心理学家的观点，此类炫耀性善举的展示，就像是把雄性孔雀的尾巴对应到人类身上来。正如孔雀通过展示其庞大的尾巴来显示自己的力量和健康——从实用的观点来看，这是一种纯粹的资源浪费，如此耗资巨大地对潜在配偶展示的公共行为，说明了做出这样行为的人占有足够的资源去这样做。

然而，从一个伦理的角度来看，我们应当如此在意赠予动机的纯洁性吗？可以肯定，重要的事情是捐赠应当基于一个良好的理由。我们很可能会对一座奢华的新音乐厅嗤之以鼻，但并不是因为捐赠人的名字被镌刻在了大理石外墙上。而是因为我们会质疑，在一个每天都有 25 000 个贫困儿童无辜死去的世界里，这样一座音乐厅是否是这个世界所需要的。

当下哲学研究有很大一部分观点是反对耶稣的论断的。决定人们是否会向慈善机构捐款的最重要因素之一，是他们对于其他人行为的信任。那些将自己向慈善机构捐助的事情广而告之的行为，增加了其他人进行同样捐助的概率。可能我们最终会到达一个临界点，我们为帮助这个世界上最穷的人所捐出的大量资金，充分流入了这些领域，足够消除每日 25 000 人的无意义死亡的绝大部分。

这就是克里斯·埃林杰（Christopher Ellinger）和安妮·埃林杰（Anne Ellinger）希望他们的网站“裸捐网”（www.boldergiving. org）所能实现的目标。该网站告诉了人们“百分之五十联盟”（The Filty Percent League）中超过 50 名成员的故事——所谓“百分之五十联盟”就是那些捐出自己所有财产 50%或者捐出近 3 年年收入 50%的人组成的社团。联盟成员想要改变的是人们对于“正常”和“合理”捐赠金额的预期。

这是一群形形色色的人。汤姆·怀特（Tom White）经营一家大型建筑公司，他已经向保罗·法默（Paul Farmer）给海地农村的贫困人口带去卫生服务的活动捐款数百万美元。汤姆·谢（Tom Hsieh）及妻子布莉

（Bree）做出了每年开销不超过全国人口收入水平中位数的承诺，这个数字目前是 46 000 美元一年。像汤姆·谢这样的人，今年[①] 36 岁，赚得越多，捐赠越多，大部分的捐款流向了帮助发展中国家贫困人口的组织。哈尔·陶西格（Hal Taussig）及妻子已经捐出了大约 300 万美元，占他们个人财产总和的 90%，现在他们靠着社会保险金过着开心的生活。

多数捐赠人视捐赠为个人荣耀。汤姆·谢说无论他捐出的钱财是否拯救了他人的生命，他自己首先得到了拯救："我可以很轻松地过上一种无聊且无足轻重的生活。但现在我的生活充满了奉献和意义。"当人们称赞哈尔·陶西格的慷慨时，他说："直白地来讲，这是我突破人生的一种方式。"

"百分之五十联盟"有很高的入会门槛——可能对于大部分人来讲太高了。詹姆斯·洪（James Hong）创办了网站 www.hotornot.com，网站能够让人们给其他人的"热度"评分。他靠这个网站变得十分富有。他承诺将捐出其所有收入的 10%（超过 100 000 美元的财产）。洪的网站 www.10over100.org 邀请了其他人做同样的事情。到目前为止，超过 3500 人跟随了他的脚步。

洪将门槛设置得低了一些。如果你的收入不超过 10 万美元，你不必倾囊捐出，而且如果你的收入有，比如说 11 万美元，你只需要捐1000美元——这比你收入的

①2008 年。——译者注。

1%还要少。这一点也不慷慨。许多挣不到10万美元的人也可以负担得起一些捐赠。洪的方案依然是非常简单的，但当收入很高的时候，这一方案就显得有些“肉痛”了。如果你每年有一百万美元的收入，你承诺捐出9万美元，或者收入的9%，这比大多数有钱人捐赠的金额都要多了。

我们需要克服不愿意公开去表达我们所行善举的障碍。把所有金钱花在自己和家人身上，而不是用这些钱去帮助更有需要的人——尽管从长期来看，帮助他人有可能带来更大的满足感，无声的给予是不会改变这种文化的。

来自报业辛迪加，2008年6月13日

后记：“裸捐”（Bolder Giving）依然非常盛行，其50%的捐出承诺促使比尔·盖茨和梅琳达·盖茨发动了“裸捐誓言”（The Giving Pledge，www.giving pledge.org），让世界上最富有的人在去世之前，承诺向慈善机构捐出其财产的一半。[我本人的著作《你能够拯救的生命》（*The Life You Can Save*），对于盖茨的想法也有一定的影响。]直到2016年1月，超过130位亿万富翁承诺捐赠总数超过1700亿美元的捐款。10 over 100. org网站已经过气了，但是网站“倾囊捐出”（Giving What We Can，www.givingwhatwecan.org）邀请人们去做同样的承诺，同时，基于本人著作的“你能够拯救的生命”组织（www.thelifeyoucansave.org），圈定了更加渐进的范围，也就是基于收入，从一个较低的百分比开始捐赠，但以一个较高百分比收尾。

好的慈善和坏的慈善

你现在正在考虑捐助一项有价值的事业，很好，但是你应当捐赠给哪些事业呢？

如果你寻求一个专业慈善咨询师的帮助，可能的结果是他们对于这个重要的问题并没有太多的话要说。但可以肯定的是，他们会从一系列慈善项目选项中给你一些指导。但是这一行的通行预设是，我们不应该，或者可能不能，就某些选项比另一些选项更优做出客观的判断。

以世界上最大的慈善服务机构之一，洛克菲勒慈善顾问公司（Rockefeller Philanthropy Advisors）做一个例子。其网站提供了一个可下载的小册子，当中包含一个慈善家可能捐助的领域的表格：健康与安全、教育、艺术、文化及文化遗产、人权及公民权、经济安全以及环境。网站随后会问："什么是最紧急的事项？"并且回答："对于这个问题显然没有客观的答案。"

这是正确的吗？我并不这么认为。举个例子，比较洛克菲勒慈善顾问公司列出的两个类目："健康与安全"和"艺术、文化及文化遗产"，对于我来讲，似乎明显有客观的理由认为，相较于另外一个领域，我们可能可以在其中一个领域做更多的善举。

假设你们当地的艺术博物馆正在筹集资金建造一个新的副楼，以便更好地展览其馆藏。博物馆出于此目的向你募捐。我们假设你有能力捐出 10 万美元。与此同时，还有另一个组织向你募集善款，为的是减少发展中国家儿童沙眼的发病率。沙眼是一种由传染性微生物造成的眼部疾病，其对发展中国家的儿童有极大的影响。它会导致人逐渐丧失视力，一般会在 30—40 岁之间出现失明的高峰。沙眼是可预防的疾病。你做了一些检索，了解到每捐献 100 美元，就可以防止一个人遭受长达 15 年的视觉损伤，以及后续 15 年的失明。所以 10 万美元可以防止 1000 人失明。

将这 10 万美元用在哪里可以做出更多的善行呢？哪种花费可能给受其影响的人带来更大的改善呢？

一方面，我们让 1000 人免除了 15 年的视力损伤和 15 年的失明，以及没有社会保险的穷人面临的接踵而来的所有问题。那么在另一方面我们能够获得什么呢？

假设新的博物馆副楼要花费 5000 万美元，并且在预期的 50 年使用寿命中，每年有 100 万人将享受参观的过程，总共会增加 5000 万博物馆客流量。由于你贡献了 1/500的费用，你可以为 10 万名游客提供更好的审美体验。这要怎么与防止 1000 人失明 15 年做比较呢？

为了回答这个问题，我们试着做一个思想实验。假设你需要在下面两种情况下做出选择：一种是参观艺术博物馆，包括它的新副楼；另一种是参观艺术博物馆，而不去参观新副楼。自然，你可能会更偏好于参观博物馆及其新副楼。但是现在想象一下，一个邪恶的魔鬼宣布，在每100个参观新副楼的人中，他将随机选择一个人，强加给其15年的失明。那么你还会再去参观新副楼吗？如果你回答“会”，那你一定是疯了。即使这个恶魔在每1000人中挑出一人使其失明，在我的判断中——而且我打赌在你们的判断中也是同样，参观新副楼并不值得冒这个风险。

如果你认同，那么你就是认为，实际上一个人失明带来的危害要重于1000人参观博物馆新副楼带来的好处。因此，为了防止人们失明而捐款，会比让1000人参观新副楼产生更大的价值。但是给每1000人带来更好审美体验的捐款，不是仅仅可以让预防沙眼组织从失明中挽救1个人，而是能挽救10个人。因此，为防止沙眼的捐款所提供的价值，是给博物馆同样捐款的至少十倍。

经济学家们使用这种比较收益的方法，判断人们对某一事态的重视程度。这个方法是有可批判之处的，因为许多人显然对于非常糟糕的事情发生的微小风险有着不理性的态度。（这就是为什么我们需要立法要求人们系安全带。）然而在很多事例中，包括我们现在所讨论的这个例子，答案依然是足够明确的。

当然，这仅仅是我们应当如何选择慈善领域的一个例子。有些选择相对简单，而另一些选择会更加复杂。总体上来讲，在人类福祉所被关注之处，如果我们选择帮助处于极端贫穷的那些人，我们将会实现更多福祉，我们投入的金钱也会在这里发挥更大的作用。但是当这个选择需要在下面两种情况下做出时，情况就会更加复杂：一种情况是直接帮助世界贫穷人口；另一种情况是通过努力减少温室气体的排放来帮助他们，也帮助所有的子孙后代。同样，要在帮助人类和减少我们强加在动物身上的巨大痛苦之间做出选择，也是非常困难的。

但是新的发展让这样的选择变得容易了一些。直到前几年，人们甚至都不可能找到在各自的领域里最高效的慈善机构。而六年前，非营利慈善评估机构“善行”成立，致力于对帮扶极端贫困人口的慈善机构进行严肃评估。

现在我们可以很有信心地说，向诸如“抗疟疾基金会”（Against Malaria Foundation）捐款将能够拯救生命并降低疟疾的发病率；向“防治血吸虫病组织”（Schistosomiasis Control Initiative）捐款，可以以非常低的费用降低那些被忽视的热带疾病的发病率，特别是那些因寄生虫造成的疾病。更有实验性的是“直捐达”（Give Directly）组织，该组织会将你捐赠的每一美元中的至少 90 美分直接给到极低收入的非洲家庭。初步研究显示，这些捐款会对接受者产生长期的益处。

此类针对慈善机构的基于证据的方法论，被称为

“有效利他主义”（“Effective altruism”），这是一种新兴的国际运动趋势。出于让世界变得更好的愿望，其拥护者想要通过他们的能力和资源，给这个世界带来最大化的积极改变。思考哪些领域能够使你的时间和金钱产生最积极影响，仍然是一个该方法论初级阶段的问题，但是，随着越来越多的利他主义者研究这些问题，我们开始看到了一些真实的进步。

来自《纽约时报》，2013 年 8 月 10 日

热心慈善，理智捐款

如果你对《小蝙蝠侠》（*Batkid*）的故事观感不佳，你肯定会是一个非常令人扫兴的人。如果你看到上个月有 20 000 人参加了“梦想成真基金会”（Make-A-Wish Foundation）的活动，而且整个旧金山满是一个 5 岁男孩的超级英雄幻想故事，他并不仅仅是一个普通的 5 岁男孩，而是一个正在与绝症做斗争的 5 岁男孩，这样的场景都不能让你暖心的话，你肯定是个感情麻木的人。

但是我们仍然可以质疑，这些感情对于我们应该做什么是否是最好的指导。根据梦想成真基金会的估算，实现一个患有绝症的孩子的梦想，平均的花费是 7500 美元。这笔款项如果捐赠给“抗疟疾基金会”，用于向生活在疟疾肆虐地区的家庭提供蚊帐，可以拯救至少两到三个儿童的生命（这只是保守估计）。如果这笔钱捐赠给“防治瘘管基金会”（Fistula Foundation），就可以支付大约 17 个年轻妈妈的手术费用。而她们如果没有这样的帮助，就很可能不断地从阴道里漏出身体代谢废物，且她们会因此在余生中被抛弃。如果这笔钱捐赠给“赛瓦基金会”（Seva Foundation）用于治疗发展中国家的沙眼和其他可能导致失明的疾病，就可以防止100个儿童在长大之后失明。

这难道不是很明显吗？拯救一个孩子的生命，比实现一个孩子变成小蝙蝠侠的愿望更加重要。如果迈尔斯（Miles）的父母有这样的选择——做一天小蝙蝠侠或者治愈他们儿子的白血病，他们肯定会选择治愈白血病。

那么在有这些更加实际的途径去使用他们的慈善资金时，为什么还有这么多人捐钱给“梦想成真基金会”呢？答案存在于，至少部分在于，我们在上面所提到的那些感情里。心理学研究表明，相比于帮助大量无法辨识身份的人走出困境，在帮助单个能够辨别的个体时，这样的感情更加能够凸显出来。

在一项研究中，那些通过参与实验赚到钱的人有机会将其中一部分捐赠给“救助儿童会”（Save the Children），该组织是致力于帮扶贫困儿童的。第一组参加实验的人被告知：“马拉维（Malawi）的食物短缺正影响着超过300万儿童。”第二组则展示了一张7岁非洲女孩的照片，告诉参加实验的人，女孩的名字叫罗基娅（Rokia），并且极力宣称“你在经济上的帮助会让她的生命变得更好”。第二组参加实验的人明显捐出了更多的钱。似乎看到罗基娅照片这件事情本身，能够激发人们去帮助他人的情感渴望，但同时，了解实际上存在成百上千万需要帮助的人的事实，并不能激发这一情感渴望。

类似地，那些没有蚊帐就会感染疟疾的儿童不为人知并且无法为人所知，他们不能像我们能在电视上看到的、患有白血病的儿童那样抓住我们的情绪。这是我们感情构成上的一个瑕疵，在数百万年间，我们只能帮助眼前人。但它并不是我们忽视远距离陌生人需求的一个理由。

有些人反对说，追踪被送到千里之外的善款到底被用来做了什么是更加困难的。这个月，我在美国国家公共广播电台（简称 NPR）的节目“观点”（*On Point*）中做嘉宾时，很多人都表达了这样的担忧。埃德娜（Edna）是一个非常慷慨的人，她告诉我们，她每周在医院里做一天义工，并且向当地的许多慈善组织捐款。在谈及我的关于当我们捐钱给极端贫困人口时，我们的捐赠能够实现最大价值的观点后，她说她会去做：“如果我能够确定需要这些钱的人能够收到，但在此之前如果没有人让我确信这件事情，我会将钱捐赠到我能够看到结果的地方。”幸运的是，埃德娜之后是一位叫梅格（Meg）的家庭医生，她谈论了她在海地与每天生活费不到 2 美元的孩子待在一起的工作经历。梅格指出，这些孩子中的大部分，除了接种政府提供的疫苗，从来没有看过医生，1200 美元足够支付他们在一年里定期去看医生费用。

我们不必接过慈善组织的话头，去说我们捐出的钱让需要的人受益。技术可以让这件事情变得简单且高效。像“善行”和我自己的“你能够拯救的生命”这样的网站，提供了独立的评估结果，能够将人们引向那些不会将善款送到腐败政府，而是会看着善款送到需要的人手中的那些组织。

一些美国人可能会认为他们已经通过交税，对帮助贫困人口做了足够多的事情。民意调查也一直显示，美国人认为他们在国际援助中花费过多，但当问及应当花费多少时，他们建议的数字是实际数字的数倍。在凯撒家族基金会（Kaiser Family Foundation）的《2013 年全球卫生中的美国角色调查》中，对于问题“国际援助应当占联邦预算的多少百分比”的回答，中位数是 28%。这个结果与凯泽家族基金会联同哈佛大学和《华盛顿邮报》在 1997 年进行的民意调查结果大体一致。在那次调查中，中位数的答案是 20%。而现实的答案，无论是在当年还是现在，大约只有 1%。

美国人一般都会认为美国是一个特别慷慨的国家，但是当讨论到官方的国际援助时，美国提供的援助占国家收入比例，比其他发达国家少得多。根据经济合作与发展组织（Organization for Economic Co-operation and Development）2012 年的数据，瑞典和卢森堡的捐款额是美国的五倍，丹麦是其四倍，比利时和爱尔兰是其两倍多。个人和基金会的慈善捐款也并不能弥补这一缺口。

如果美国人知道他们自己在帮扶世界上最贫穷的人口时是多么吝啬，并意识到其实有许多行善的机会，就可以做更多的事情。在一个关于这个观点的不太科学的测试中，“你能够拯救的生命”组织将一些钞票，发给那些在华尔街和圣莫尼卡街角遇到的陌生人，然后告诉他们可以做一个选择：将这些钱据为己有或捐赠给抗疟疾基金会。几乎所有人都选择了将钱捐出去，而且有些人甚至在我们给他们的基础上添了一些自己的钱。总共下来，我们给出了 2500 美元——抗疟疾基金会收到了 2 421 美元。

相对于那些没有收到意外之财的人，得到横财的人可能会更愿意将这些钱给出去。然而，这个“给实验”（The Giving Experiment）不仅展示了许多人愿意去帮助世界上的穷人，也同时表明他们发自肺腑地乐意做这件事情。他们需要的，只是知道如何有效率地去做这件事。

来自《华盛顿邮报》，2013 年 12 月 19 日

高价艺术品的道德成本

上个月[①]在纽约，佳士得[②]卖出了价值7450万美元的战后及当代艺术品。这是它在单次拍卖中达成的最高交易额。在这些售出的高价作品中，有巴尼特·纽曼[③]、弗朗西斯·培根[④]、马克·罗斯科[⑤]以及安迪·沃霍尔[⑥]的画作，每幅画作都售出了超过6000万美元的高价。根据《纽约时报》的报道，亚洲收藏家在抬高价格上扮演了重要角色。

毫无疑问，一些买家将他们的购买行为视为一种投资，就和买股票、不动产或者金条一样。在这样的情况

---

①2014年5月。——译者注。

②佳士得（Christie's），世界著名艺术品拍卖行之一。——译者注。

③巴尼特·纽曼（Barnett Newman，1905—1970），美国现代艺术家、现代绘画艺术抽象表现主义代表。——译者注。

④弗朗西斯·培根（Francis Bacon，1909—1992），英国现代艺术家（不是那位说“知识就是力量”的英国哲学家），其绘画风格以怪诞、粗犷著称。——译者注。

⑤马克·罗斯科（Mark Rothko，1903—1970），美国现代艺术家、抽象派画家。——译者注。

⑥安迪·沃霍尔（Andy Warhol，1928—1987），美国现代艺术家、波普艺术代表。——译者注。

下，他们付出价格的高或低，将取决于市场愿意在未来的某个时间，为这些艺术品支付多高的价格。

但如果利益不是驱动力，为什么会有人为这些作品付出上千万美元呢？有些作品并不漂亮，也没有体现出什么卓越的艺术技巧。它们甚至在艺术家的作品里也很常见。以巴尼特·纽曼为关键词做一个图片搜索，你会看到许多包含垂直色块的绘画作品，通常这些色块是用一条细线来分割的。似乎纽曼一旦有了灵感，他就喜欢表现出所有的变化。上个月，有人花了8400万美元买下了其中的一幅。一幅由安迪·沃霍尔绘制的玛丽莲·梦露（Marilyn Monroe）小像——其实他也有很多类似的作品，卖出了4100万美元。

十年前，纽约的大都会艺术博物馆（Metropolitan Museum of Art）以4500万美元的价格购买了一幅杜乔[①]的小幅画作《圣母与圣婴》（*Madonna and Child*）。随后，在《你能够拯救的生命》一书中，我写道，购买这幅画作的人们，可以利用这笔钱去做更好的事情。我没有改变对这一问题的想法，但是大都会的圣母被优雅地展出，而且已有700年的历史了。杜乔是西方艺术史关键过渡时期的主要人物，他的画作很少被保留下来。但这些都不适用在纽曼和沃霍尔身上。

然而，战后艺术的重要性可能就在于其挑战了我们

①杜乔·迪·博宁塞纳（Duccio di Buoninsegna，1255？—1319?），意大利画家。——译者注。

认知的能力。杰夫·昆斯（Jeff Koons）是在佳士得出售作品的一位艺术家，他肯定地表达过这个观点。在1987年与一群艺术批评家的访谈中，昆斯提到了上个月卖出的一件作品，称其为"'金宾'作品"（"the 'Jim Beam' work"）①。昆斯展出了这件作品——一个装满波旁威士忌的大型不锈钢玩具火车，而展览的名称是"奢华与衰退"（"Luxury and Degradation"），根据《纽约时报》的报道，这表现了"在有雄心壮志的20世纪80年代，奢华带来的肤浅、过度和危险"。

在访谈中，昆斯说"'金宾'作品""使用了奢华的隐喻定义阶级结构"。随即批评家海伦娜·康托娃（Helena Kontova）问他，他的"社会政治倾向"是如何关联到当时罗纳德·里根总统（Ronald Reagan）的政治的。昆斯回答道："伴随着里根主义，社会流动逐渐瓦解，取代由高中低三种收入阶层组成的社会结构，我们跌入了只有高低两极的境地……我的作品立足于与这个趋势相反的立场。"

艺术是奢侈和浪费的批判！艺术站在日渐扩大的贫富差距的对立面！这听起来多么的高尚和无畏。但是艺术市场最强的能力是拉拢艺术作品制造一切激进需求，并且将其转化为另一种供应给超级富翁的消费品。当佳士得把昆斯的作品拿出来拍卖时，这个装满波旁威士忌的玩具火车卖出了3300万美元的价格。

①金宾（Jim Beam）是美国所产威士忌的一种。——译者注。

如果艺术家、艺术批评家以及艺术品买家，真的对缩小日渐扩大的贫富差距有一点兴趣，他们就会把他们的精力放在关注极端贫困地区上。购买本土艺术家作品所花费的几千美元，如果被放在这些地区，会给整个村镇的福祉带来真实的改变。

我在这里说的所有内容，并没有否认创造艺术的重要性。素描、油画以及雕塑，就像唱歌和演奏乐器一样，都是自我表达的重要形式，没有它们，我们的生活会更加贫瘠。在所有的文化当中，在任何情景当中，甚至在自身的物质需求都无法满足的情况下，人们都在创造艺术。

但我们不需要艺术品买家花费成百上千万美金去鼓励人们创造艺术。事实上，不难相信，天价对艺术表达带来了破坏性的影响。

对于为什么这些买家付出如此令人咋舌的价格，我的猜想是他们认为拥有知名艺术家的原作会提升他们自己的社会地位。如果如此，这就提供了带来改变的一种方式：用更多基于道德的标准重新定义社会地位。

在更有道德感的世界，在艺术作品上花费成百上千万美金会是自降身价的行为，而不是提升地位的行为。这样的行为会让人们质疑："在这样一个世界，每年有六百万儿童死于缺少安全饮用水和蚊帐，或者没有接种麻疹疫苗，难道你不应该用你的钱去做些更好的事情吗？"

来自报业辛迪加，2014 年 6 月 4 日

防止人类灭绝

【合作作者：尼克·贝克斯坦德（Nick Beckstead）、马特·维格（Matt Wage）】

许多科学家认为，是小行星的撞击导致了恐龙的灭亡。那么，人类也会面对同样的命运吗？

是有这个可能的。美国国家航空航天局（简称NASA）已经追踪了大多数地球周围的大型小行星，以及许多较小型小行星。如果发现一个大型小行星正在一个会撞击地球的轨迹上运行，上述追踪会给我们让小行星转向预留时间。美国国家航空航天局已经分析了在这种场景下扭转小行星的各种选择项，包括使用核撞击来让小行星偏离轨道，并且看起来部分策略可能是有用的。然而，这一搜索还没有完成。新的B612基金会近期发起了一个项目，由于发现了余下小行星中的一颗会成为保护地球免于灾祸的关键，该项目将会为了“保护星球上文明的未来”而追踪剩余的小行星。

幸运的是，足够让人类灭亡的小行星在21世纪撞击地球的概率是非常低的，差不多是百万分之一。不幸的是，小行星并不是人类生存的唯一威胁。其他潜在的威胁来自生物工程带来的疾病、核战争、极端气候变化，以及危险的未来科技。

如果在未来的若干世纪，人类有灭绝的风险，接下来的问题就是我们能否为此做些什么。我们首先要解释我们可以做什么，然后再拷问深层次的伦理问题：人类灭绝有多糟糕？

这里要提到的第一点是，如果人类灭绝的风险是“很小的”，我们也不应当自欺欺人。心智健全的人不会说：“好的，这个反应堆核熔毁的概率只有一千分之一，所以我们不用担心。”当真实的灾难有发生的风险时，并且我们可以以可接受的成本，降低甚至消除这个风险，我们就应当这样去做。通常来说，我们可以通过将恶性结果发生的可能性与其恶性程度相乘，测算出一个具体风险的恶性大小。如接下来我们要简要讨论的那样，人类灭亡是极度糟糕的，降低人类灭绝的风险，哪怕只是一小点，也是非常值得的。

人类已经做了一些事情来降低过早灭绝的风险，我们在冷战时期就已经开始，并缩减了核武器的存量。我们追踪了大部分近地大型小行星。我们出于“政体延续”的目的建造了地下掩体，这可能能够帮助人们在特定的灾难中生存下来。我们创设了疾病监控项目，追踪疾病的传播，以便于在发生大规模传染病的时候，全世界能够有更快的反应。我们将气候变化定义为潜在的风险，并且发展出一些应对计划，即使到目前为止实际的应对措施仍然非常不足。我们还建立了一些机制，通过一些微妙的方式来降低灭绝风险，例如降低战争风险，或者提高政府对于灾难的应对能力。

认为进一步减少人类灭绝风险是可能的一个理由是，所有我们已经做的事情都很可能得到进一步提升。我们可以追踪更多的小行星，建更好的掩体，改进我们的疾病监控项目，减少温室气体排放，鼓励核武器不扩散，以及向可能降低人类灭绝风险的方向上加强世界秩序。辨别哪些项目值得支持仍然有着很大的挑战，但是这样的项目是可能存在的。

到目前为止，令人惊讶的是，人们对系统性地理解人类灭绝的风险，以及如何最大限度地降低这些风险几乎没有任何投入。现在已有一些关于低可能性而高利害灾难的著作和文章，但是几乎没有关于最有效降低风险措施的调查。我们对于深度、系统性地减少此类风险的不同策略分析一无所知。合理地降低人类灭绝风险的第一步，是全面地对这些问题进行调查研究，或者是支持他人做此项工作。

如果我们所说是正确的，那么就存在人类灭绝的某种风险，而我们很有可能有能力去降低这一风险。还有许多相关的重要问题，而这些问题却很难回答：降低人类灭绝风险的优先级有多高？我们应当为做这件事准备花费多少钱？在其他我们能做的和应当做的事情中，例如帮助世界贫困人口，和这些事情之间有什么关系？（对于这个问题，详见 www.thelifeyoucansave.com）降低灭绝风险的目标与普通的人道主义目标存在冲突吗？或者简单地提升当下活着的人的生活质量并让他们自己去解决这些问题，是否是降低灭绝风险的最佳方式？

我们不会在这里对上述问题多做阐述了。反之，我们要关注这个问题：人类灭亡究竟有多糟糕？

人类灭亡带来的一个恶性结果是几十亿人会痛苦地死去。但是在我们的观点里，到目前为止，这还不是人类灭绝最糟糕的结果。人类灭绝的最糟糕结果是，人类未来不会再有后代了。

我认为后代的重要性和我们同代人一样重要。因为在我们的未来会有许多代后人，这些后代的价值加总会极大地超出当代人的价值。

让我们用一个历史上的例子来帮助我们理解这个观点。大约在 70 000 年前，地球上发生了一次名为“多巴喷发”（“Toba eruption”）的超级火山喷发。许多科学家认为这场喷发造成了一次“火山寒冬”（“volcanic winter”）并将我们的祖先带入了濒临灭绝的境地。让我们假设这是真的，现在想象一下“多巴喷发”将人类从地球上完全清除，这个结果有多糟糕？大约要经历 3000 多代人、1000 亿生命之后，我们才可以说，“多巴喷发”造成的死亡和苦难与从那时到现在的所有人类生命的损失及人类自那时起达成的一切成就相比微不足道。

类似地，如果人类现在灭绝了，那么我们舍弃的机会成本就太大了。文明的出现只有数千年，但是地球会在未来十亿年间作为人类栖息的家园。并且如果有可能殖民太空，我们的物种可能会存活更久的时间。

有些人可能会反对这种评估后代价值的方法。他们会主张，如果不管后人会过一种怎样的生活，就将后人带到这个世界上来，并不是一件好事。基于这一观点，避免人类灭绝的价值就局限在了“当下”存活的人，即将要出生的人，以及那些想要有孩子和孙子的人当中。

为什么有人会相信这样的观点呢？其中一个理由可能是，如果有的人从来没有存在过，那么他们就不会受到任何糟糕结果的波及。因为他们从不存在，就不存在“‘他们’变得糟糕”这一情况，因此把人们带到这个世界上来并不会给他们带来好处。

我不同意这个观点。我认为把人们带到这个世界上来会给他们带来好处。为了解释这个原因，首先我们要注意，把人们带到这个世界上来可能对这些人来说是坏事。例如，假设某位女性知道如果她在未来的几个月里怀孕，这个孩子会遭受不同的病痛折磨并且会夭折，那么如果她决定在未来几个月怀孕，这个结果显然对她的孩子来说是不好的。整体上来说，似乎如果孩子的生命是短暂而痛苦的，对这个孩子来说，来到这个世界上就是一件坏事。

如果你认同将人带到这个世界上对本人来说可能是

一件坏事，而且你同样接受这个观点，即将人带到这个世界上对本人来说不可能是一件好事，那么这将引出一个奇怪的结论：出生会伤害你，且它不能给你任何帮助。如果这个结论正确，那么显然生育孩子就是错误的，因为他们总会有被伤害的风险，而且没有能足够补偿此种被伤害风险的益处。

19 世纪的德国哲学家亚瑟·叔本华（Arthur Schopenhauer）或当代南非哲学家大卫·贝纳塔（David Benatar）等悲观主义者接受了上面的结论。但是如果父母对他们的孩子有一个幸福和充实的人生有着合理期待，并且拥有一个孩子并不会给他人带来伤害，那么生育一个孩子就不是什么坏事。更概括地说，如果我们的后代有合理的可能性去拥有幸福和充实的人生，那么对于我们来说，相对于拒绝我们的后代，保证他们来到这个世界上就是一件好事。因此我认为，让未来的后代来到这个世界上，可以是一件好事。

我们自身物种的灭绝——而且很可能是所有生命的灭绝，这取决于灭绝的原因，将会终结产生（中等程度）智慧生物的非凡进化史，也会终结带给我们继续创造更大进步潜力的进化故事。在过去的几个世纪里，我们已经在道德和智识上有了很大的进步，并且如果我们存活下去，就有一切的理由去期待这样的进步会继续且加速。如果我们不能阻止我们的灭绝，我们也期待会有喘息之机去创造真正美妙的事物：一代又一代的人类过着富足而充实的生活，并且达到超越我们想象的智识和文明的高度。

来自 http://www.effective-altruism.com/ea/50/preventing_ human_ extinction/，2013 年 8 月 19 日

第七编：论幸福

幸福、金钱和给予

如果你更富有，你会更幸福吗？许多人相信答案是肯定的。但是历时多年的研究显示，更多的财富带来更大的幸福这一观点仅仅在相当低的收入水平时才是正确的。例如，美国的人民平均是比新西兰人民更加富有的，但是他们并没有更幸福。更引人注目的是，奥地利、法国、日本和德国的人民显然并没有比更穷的国家，如巴西、哥伦比亚以及菲律宾的人民更加幸福。

在有着不同文化的国家之间做比较是困难的，但是同样的现象也发生在这些国家内部。除非是非常低收入水平的情况，比如对美国来说是年收入低于 12 000 美元，超过了这个临界点，收入的增加并不会对人们的幸福感产生太大的影响。美国人较之 20 世纪 50 年代的时候更加富裕了，但是他们并没有更幸福。如今中等收入阶层的美国人——家庭年收入在 50 000—90 000 美元之间，幸福感水平和高收入美国人几乎完全一样，高收入是指家庭年收入在 90 000 美元以上。

大多数关于幸福的调查只是简单地问人们他们对于人生的满意程度有多少。我们不能太相信此类研究，因为这种笼统的“人生满意度”的判断，可能无法反映人们究竟有多喜欢他们度过时间的方式。

我在普林斯顿大学的同事丹尼尔·卡内曼（Daniel Kahneman）以及几位联合研究者，试图通过在一天内频繁地间隔询问人们的情绪来测算人们主观的幸福感。在《科学》（*Science*）6 月 30 日[①]发表的一篇文章中，他们指出，他们得出的数据确认了收入和幸福感之间几乎没有相关性。相反地，卡内曼和他的同事们发现，有更高收入的人们在与负面感受有关的活动中花费了更多的时间，例如紧张和不安，他们在工作和通勤上花费了更多的时间，而不是有更多的休闲时间。他们更经常地陷入他们自己描述为敌对、愤怒、焦虑和紧张的情绪当中。

当然，这种金钱不能买来幸福的观点并不新奇。许多宗教告诉我们，执着于物欲让我们不幸福。披头士乐队提醒我们，金钱买不到爱情。亚当·斯密（Adam Smith）甚至告诉我们晚餐不是靠屠夫的善举得来的，而是他对于自身利益的尊重。他把想象中富有的快乐描述成了“一种欺骗”（尽管这种欺骗“振兴并不断推动人类工业的前进”）。

不过，也有一些矛盾的事情。为什么所有政府都关注人均国民收入的增长呢？如果金钱不能让我们更幸福，为什么我们中这么多人还要努力奋斗去挣更多的钱呢？

答案可能就在于我们的本质是有目的的存在。我们

①2006 年 6 月 30 日。——译者注。

是从努力劳作以养活自己、寻找配偶并抚养孩子的存在进化过来的。对于游牧社会来说，拥有无法携带的事物是没有任何意义的，但是一旦人类安顿下来，发展出了一套货币体系，那种对于获得物的限制就消失了。

积累一定数量的金钱，提供了抵抗贫瘠时期的保障，但是如今，金钱却变成了自身的终结，变成了一种衡量一个人地位和成功的方式，以及一个当我们可以想到的，无所事事时去依赖的目标。只要我们不过多考虑为什么要赚钱，赚钱就能让我们觉得值得去做。

就此而论，让我们思考一下美国投资人沃伦·巴菲特（Warren Buffett）的人生。现今75岁的巴菲特，致力于积累巨额财富有50年的时间了。根据《福布斯杂志》（*Forbes*）的报道，他是世界上第二富有的人，仅次于坐拥420亿美元资产的比尔·盖茨。但是他节俭的生活方式显示出，他没有特别地享受花掉大笔金钱这件事情。即便他的品位更加奢华，但他对花掉其财富很小一部分都感到有些压力。

从这个角度来看，一旦巴菲特在20世纪60年代，挣到了第一笔7位数财富之后，他积累更多金钱的努力，很容易看起来是毫无意义的。巴菲特是亚当·斯密所描述的，以及卡内曼及其同事所深入研究的“骗局”的受害者吗？

巧合的是，在卡内曼的文章发表的同一周，巴菲特就宣布了美国历史上最大额的慈善捐助——向盖茨基金会捐款 300 亿美元，以及向其他慈善基金会捐款 70 亿美元。甚至当安德鲁·卡内基①和约翰·洛克菲勒②的捐款在排除通货膨胀因素调整后，巴菲特的捐款仍然是最多的。

巴菲特已经一下子给他的人生赋予意义了。由于他本人是一个不可知论者，他的捐赠行为并不是受某些这样做会给他后世带来好处的信仰所驱动。那么，巴菲特的人生告诉了我们怎样的关于幸福的实质呢？

如同卡内曼的研究让我们所期待的那样，如果巴菲特在 20 世纪 60 年代的某个时间点放弃工作，靠着财产生活，花更多的时间玩桥牌，他现在生活的积极情绪可能就会少了很多。但是，如果是那样，现在这种一想到他凭借努力工作和卓越的投资才能，通过盖茨基金会帮助了几十亿世界最贫穷的人口，治愈了导致死亡和残疾的疾病，就能感受到的满足感，他肯定就无法体验了。巴菲特提醒我们，除了拥有好心情，幸福还能有更多的方式。

来自报业辛迪加，2006 年 7 月 12 日

①安德鲁·卡耐基（Andrew Carnegie，1835—1919），美国实业家、慈善家，美国“钢铁大王”。——译者注。

②约翰·洛克菲勒（John D. Rockefeller，1839—1937），美国实业家、慈善家，美国“石油大王”。——译者注。

我们可以提升国民总体幸福感吗？

不丹王国，一个坐落在喜马拉雅山脉南侧的小王国，因为两件事情而闻名世界：高昂的签证费用——这减少了该国客流量，以及该国提升“国民幸福总值”（Gross National Happiness）而非经济增长的政策。这两件事情是相关联的：更多的游客可能会带来经济的繁荣，但同时也会毁坏不丹的环境和文化，并从长期来看国民会因此降低整体的幸福感。

当我第一次听到不丹政策的目标是最大化其人民的幸福感时，我很怀疑这是否真的意味着在实践中可行，或者只是另外一种政治口号。上个月①，不丹首相吉格梅·廷里（Jigme Y. Thinley）组织，哥伦比亚大学地球研究所主任以及联合国秘书长潘基文（Ban Ki-moon）的特别顾问杰弗里·萨克斯（Jeffrey Sachs）协办了主题为“经济发展与幸福感”的会议，我前往不丹首都廷布，并在这场会议上发表演讲。我意识到，最大化人民幸福感，远不仅仅是一个口号。

我从未参加过一个国家政府如此重视的会议。我曾

①2011 年 8 月。——译者注。

经想象的场景是，首相廷里以一个正式的欢迎词宣布会议开始，随后便回到他的办公室。然而，首相廷里回顾了关于将提升幸福感作为国策的若干问题，并进行了深刻的思考。他在随后两天半的时间里，全程在会议现场，并为我们的讨论做出了相关贡献。在多数议程中，一些内阁官员也出席了会议。

自古以来，全世界的人们都视幸福为好的事物。当我们试图就幸福的定义和衡量达成一致意见时，问题就出现了。

一个重要的问题是，我们是否认为幸福是在整个生命中，快乐体验较之痛苦体验所多出的部分，或者认为其是我们对于自己人生的满意度。第一种方法试图加总人们积极的时刻，然后再扣除消极的部分。如果结果大体上还是积极的，我们就认为这个人的人生是幸福的，如果消极的部分多，那么就是不幸福的。因此，以这种方式定义幸福，人们将不得不对人存在的时刻随机取样，并试图辨认他们经历的是积极的精神状态还是消极的精神状态。

第二种方法向人们提问："到目前为止，你对你的人生满意程度如何?"如果他们回答满意，或者非常满意，那么他们就是幸福的，反之就是不幸福的。有关这些理解幸福方法的问题极好地反映了我们应当如何提升幸福感，这就提出了关于价值的基本问题。

在使用第一种方法进行的调查中，像尼日利亚、墨西哥、巴西以及波多黎各这样的国家或地区表现得很好。这就意味着这个问题的答案更多与国家文化有关，而不是像健康、教育以及生活水平等一样有客观指标。当我们采用第二种方法时，结果更加倾向于认为像丹麦和瑞士这些更富有的国家，幸福指数排名更加靠前。但是，对于人们用不同语言，在不同文化背景下表述的调查问题的答案是否真的意味着同样的事情，我们是不清楚的。

我们可能会认同我们的目标应当是提升幸福感，而不是增加收入，或者国内生产总值（简称 GDP），但是，如果我们对于幸福感没有客观的衡量标准，上面的话还有意义吗？凯恩斯①的著名论述是："我宁要模糊的正确，也不要精确的错误。"他指出，当思想首先降临在这个世界上时，它们可能是模糊不清的，并且需要更多的工作让它们更加明确。这可能就是将幸福感作为国策目标的这种思想现在的处境。

我们可以了解到衡量幸福感的方法吗？不丹政府 12 年前设立的不丹研究中心（The Center for Bhutan Studies）现在正在推进对超过 8000 名不丹人访谈的总结。这些访谈既记录了如对人生满意程度这样的主观因素，也记录了像生活水准、卫生情况、教育情况以及文化参与、社区活跃度、生态健康、工作及其他活动的平衡等客观因素。这些多样化的因素彼此之间是否存在有效的关联仍

①约翰·梅纳德·凯恩斯（John Maynard Keynes，1883—1946），英国著名经济学家。——译者注。

然是需要观察的。而且把这些因素减少到一个单一的数字，也需要一些复杂的价值判断。

不丹有一个国家幸福指数发展委员会（Gross National Happiness Commission），由首相担任委员长。该委员会对政府各部委推进的所有新政策提案进行筛选。如果委员会发现一项政策与提升国民总体幸福感的目标相悖，这项政策就会被打回原部委进行重新决策。没有该委员会的同意，政策将不能进一步推进。

近期推进的一项有争议的法律是禁止烟草的贩售——这显示了政府采取其认为能够最大化整体幸福感的雷霆举措的意愿有多强。不丹人民可以从印度带少量的香烟或烟草入境，这些烟草仅限于自己消费，而不能进行转卖——而且在公共场合吸烟的时候，他们必须随身携带进口税收据。

去年[①] 7 月，联合国大会（UN General Assembly）全票通过了一个由不丹发起的决议，认可了追求幸福是一个基本的人类目标，而且注意到这个目标并没有反映在国内生产总值当中。这项决议号召成员国采取额外措施，更好地实现增进幸福的目标。大会同样对来自不丹的召开论坛的邀请表达了欢迎，这一论坛的第六十六届会议将于本月[②]召开，讨论的议题是关于幸福和福利的。

在关于向福利和幸福方面重塑政府政策导向的国际

---

①2010 年。——译者注。

②2011 年 9 月。——译者注。

运动中，这些讨论是其中的一部分。我们应该期盼这些努力向好的方向发展，并且希望最终的目标能够成为实现全球的幸福，而不仅仅是全国的幸福。

来自报业辛迪加，2011 年 9 月 13 日

后记：联合国大会在 2011 年通过了一项决议，确认了幸福是一项“人类的基本目标”（fundamental human goal），号召成员国衡量其人民的幸福感，并将这一指标作为国家政策导向——换句话说，采取一些小措施去向不丹已经做到的靠近。随着更多的学者致力于衡量幸福和理解如何增进幸福，幸福作为一项公共政策目标已经逐渐获得了认可。

低落情绪的高昂代价

根据世界卫生组织（World Health Organization）的研究，通过衡量失去健康状态的年数，抑郁症已经成为世界第四大健康问题。到 2020 年，抑郁症问题可能会升高到第二位，仅次于心脏疾病。但是，对于治疗和预防抑郁症，我们还没有采取足够的措施。

由萨巴·穆萨维（Saba Moussavi）主导的研究发表在上个月①的《柳叶刀》杂志上，该研究揭示了抑郁症，较之心绞痛、糖尿病、关节炎和哮喘等慢性病，对于患者的生理健康要产生更大的影响。但是，在同一期《柳叶刀》中，新南威尔士大学（University of New South Wales）的两位研究员加文·安德鲁斯（Gavin Andrews）和尼科拉·泰托夫（Nickolai Titov）撰写报告指出，患有抑郁症的澳大利亚人与患有关节炎或哮喘的病人相比，接受足够治疗的可能性要小得多。这一模式与来自其他发达国家的报告是一致的。

治疗抑郁症不说是绝对，但通常是有效的。而且如果没有有效的治疗，罹患抑郁症的人将无法过上幸福充

①2007 年 9 月。——译者注。

实的生活。即使是在这样非常狭义的成本效益分析模型之下，在治疗抑郁症上花费更多也是有意义的。

一项关于28个欧洲国家的研究显示，在2004年，这些国家有关抑郁症的花费高达1180亿欧元，或者说占这些国家总共国内生产总值的1%。治疗抑郁症的花费仅占这笔巨额开销的9%。占更大比重的是生产力损失。伦敦经济学院经济绩效中心（Centre for Economic Performance at the London School of Economics）的理查德·莱亚德（Richard Layard）说，精神疾病是英国最大的社会问题，其消耗了1.5%的国内生产总值。他估算，在两年的时间里，每个病人的治疗费用可能是750英镑，但结果可能是浪费掉的一个月工作时间，差不多价值1880英镑。莱亚德勋爵更多地主张精神疗法而非药物治疗。

在位于美国马里兰州罗克维尔的国家精神卫生研究所（National Institute of Mental Health）中，菲利普·王（Philip Wang）带领的一支研究团队上个月在《美国医学会杂志》（*The Journal of the American Medical Association*）上发表的报告显示了类似的结果。王的团队进行了一个随机对照试验，显示出抑郁症筛查——找出能够从治疗中获益的劳动者，是有成本效益的，它能够降低雇员的健康保险费用，减少病假，以及提升工作强度和生产率。

抑郁症在发展中国家同样是一个花费很高的问题。在中国，根据胡德伟（Teh-wei Hu）及其同事近期在《社会精神病学及精神病流行病学》（*Social Psychiatry and*

Psychiatric Epidemiology）杂志上发表的一篇文章，抑郁症耗费的金钱按照 2002 年的物价来计算，每年有 510 亿人民币，或者说超过 60 亿美元。几年前，维克拉姆·帕特尔（Vikram Patel）带领的研究团队在《英国医学杂志》（*British Medical Journal*）上发表报告，指出抑郁症在津巴布韦也是十分普遍的，在修纳语[①]中，其意思是“想得太多”。

纵观全球，许多初级保健医生低估了抑郁症的严重性。他们当中许多人缺少识别精神疾病的训练，而且可能也不了解最新的治疗方案。病人同样可能不会去寻求治疗，因为精神疾病仍然是被污名化的。这导致相对于生理疾病，患者更加不愿意承认自己的精神疾病。

这个问题在美国已经更加恶化了。一些医疗保险政策拒绝覆盖对于精神疾病的治疗。因此，美国参议院近期通过了《心理健康平价法案》（*Mental Health Parity Act*），这是一个重大的进步。这项立法还有待众议院通过，其要求雇主提供的医疗保险计划需要覆盖对于精神疾病的治疗，程度需要与普通健康医疗相近。（不幸的是，这项立法对于 4700 万没有医疗保险的美国人来说毫无帮助。）

抑郁症是个人的悲剧，而在世界范围内，这个个人悲剧要被放大超过 1 亿多倍。因此，如果我们可以并且应当在治疗抑郁症方面做得更好，可能更重要的问题就

---

①修纳语（Shona），津巴布韦官方语言。——译者注。

是，我们是否能够了解到如何去预防抑郁症。

有些抑郁症是遗传性的，在这种情况下，基因疗法可能最终会提供一个解决方案。但是许多精神疾病似乎是取决于环境因素的。可能我们应当关注能够给精神健康带来积极影响的生活方面。许多近期的研究显示，与家人和朋友一同休闲的时间，对于提高人们生活的幸福感有很大的贡献，而较长的工作时间，特别是较长的通勤时间，会带来压力和不幸福感。当然，放松和幸福的人们可能还是会抑郁，而有压力和不幸福的人们也可能不会抑郁，但是更幸福的人更不可能抑郁是一个合理的假设。

美国总统癌症研究小组（President's Cancer Panel）的首席拉塞尔·雷弗尔（LaSalle Leffall）在八月给乔治·W·布什总统（President George W. Bush）写了一封信，指出："我们能够且必须通过适当的政策和立法让个人有做出医疗选择的能力。"如果鼓励健康膳食和劝阻抽烟是正确的，促进更好的精神健康的生活方式也同样是正确的。政府无法通过立法要求人们必须幸福或者禁止抑郁，但是公共政策可以在保障人们有时间、有地方与朋友一起放松方面，发挥一些作用。

来自报业辛迪加，2007 年 10 月 15 日

微笑无极限

如果你走在家附近的街道上，昂首挺胸，表情坦然，会有多少路人冲你微笑，或者用某种方式跟你打招呼？

尽管是否愿意向陌生人微笑因文化而不同，但微笑却是一种普世的人类活动。在澳大利亚，向陌生人表现出坦诚和友好并不罕见，菲利普港市是一片被墨尔本海湾郊区包围的区域，其一直有志愿者在统计人们冲街上的路人微笑的频率。随后，该市竖起了类似于限速标志的标示牌。但是这些标示牌是告知行人这个区域微笑频率的，例如“每小时 10 次微笑区”。

无聊的胡说八道？浪费纳税人的钱？市长珍妮特·博莱索（Janet Bolitho）表示，竖起这些标示，是鼓励人们向在街上遇到的邻里和陌生人微笑或是问“吃了吗？”（“G’day”，澳大利亚人标准的问候语）。她补充道，微笑会让人们感受到彼此之间更加亲密和安全，也会因此减少对于犯罪的恐慌——这是在许多社区提升生活质量的重要因素。

为了能够让居民之间彼此熟悉，市政府还协助举办社区聚会。它把细节性的问题留给了当地居民自己，但提供了一些组织化的建议，出借了烧烤架和阳伞，并承担了公众责任保险。许多在同一条街道上居住了多年的人们，在街道聚会当中第一次见到彼此。

所有这些，都是一个尝试衡量城市生活质量变化的更大项目的一部分。如此，市议会就可以了解其是否让整个社区在往好的方向上发展。市议会想让菲利普港市成为一个可持续发展的社区，这不仅仅在环境意义上，而且在社会平等、经济可行性以及文化活力上均是如此。

菲利普港市对于成为一名良好的全球“公民”是认真的。与将私家车拥有量视为繁荣的标志不同，该市鼓励减少车辆的数量，提高公共交通的利用率，且将其视为减少温室气体排放的一个进步的标志。这也提倡了一种更加健康的生活方式，鼓励人们更多地步行和骑自行车。该市也在为新建筑寻求更加节能的设计。

一些地方政府认为它们的角色就是提供一些基础服务，像收垃圾以及维护道路，当然还有收取为这些服务买单的税费。另一些地方政府致力于发展区域经济，鼓励工业产业迁移至该区域，随即便可以提高就业率和扩大地方税基。菲利普港市的政府却有着更广阔的视野和长远的眼光。它想让所有生活在这个社区的子孙后代有同样的机会，可以享受和当下居民同样高质量的生活。为了维持这样的生活质量，就必须衡量所有对此有影响的不同侧面——友善就是其中的一项。

对于许多政府来说，包括中央政府和地方政府，相比起鼓励友善和合作，防治犯罪有更高的优先性。但是，伦敦经济学院（London School of Economics）的理查德·莱亚德（Richard Layard）教授在他最近的著作《幸福的社会》（*Happiness: Lessons from a New Science*）当中主张，提升社会的友善程度通常是简单且低成本的，并且能够让人们更加的幸福，此举能得到更多的回报。所以，为什么这不能成为公共政策的一个关注点呢？

哪怕是很微小的正面经历都能够让人们不仅对自身感觉更加良好，而且能够变得对别人更有帮助。20世纪70年代，美国心理学家爱丽丝·伊森（Alice Isen）和保拉·莱文（Paula Levin）进行了一项实验，他们会在打电话的人当中，随机挑选一些人，让他们捡到之前打电话的人落下的十美分硬币，而另外一些人就没有这样的经历。所有的实验对象随后都会有机会去帮助一个将一叠文件散落在他们面前的女人。

伊森和莱文指出，在16个捡到硬币的人当中，有14人帮助了那个女人，而在25个没有捡到硬币的人当中，只有1人帮助了她。进一步的研究发现了另外一个情景下的类似区别，该情景考查了对于一封写上了地址，但被丢在了电话亭里的信，这些实验对象发现这封信之后，把它寄出去的意愿有多强：那些捡到硬币的人更可能把这封信寄出去。

尽管后来的研究者对这些戏剧化差异的存在表示了质疑，但没什么疑问的是，好心情能够让人们自我感觉更加良好，而且更愿意去帮助他人。心理学家将该现象称为“善意的光芒”。为什么不将能够产生这些“光芒”的小事作为政府作用的一部分呢？

有一项衡量成功的标准是这样的：在过去的一年半里，在菲利普港市向你微笑的路人的比例，从8%提升到了10%。

来自报业辛迪加，2007年4月16日

尽管如此，但还请幸福

“设计：我将这个款式设计成了一个‘管道’（‘pipe’）符号，这看起来有些异样。但是不管怎样，设计者喜欢什么都是可以的。”

哈丽特·麦克布莱德·约翰逊（Harriet McBryde Johnson，1957—2008）

我在 2001 年的春天见到了哈丽特·麦克布莱德·约翰逊，那个时候我正在查尔斯顿学院（College of Charleston）做演讲。她标志性的南方礼仪意味着，如果你不准备“格杀勿论”，那就必须要准备好握手言欢。因此当我伸出手的时候，她从自己的电动轮椅上站了起来，伸出她右手能够活动的三个手指与我握了手。她补充说明道，她是作为“尚在生存”（Not Dead Yet）组织的赞助方来参加我的演讲的。这个组织是一个残疾人权利组织，其在一年半以前为了反对我被提名为生物伦理学教授，封锁了普林斯顿大学的拿骚厅（Nassau Hall）。我告诉她，我期待着一次有意思的交流。

我演讲的主题是“重新思考生与死”，其内容对于曾经引起激烈反对的观点做了一些辩护。我指出，医生可以依惯例撤掉严重残疾新生儿的生命维持设备，并且我主张，允许家长在咨询医生后决定，当他们的孩子有非常严重的残疾，出于孩子和家庭整体最佳利益的考虑，结束这个孩子的生命。这两种做法没有特别的不同。

约翰逊出生时有先天肌肉萎缩疾病，当我演讲结束之后，她开始大声发言。她指出我正在表示，她的父母本应当被允许在她出生后没多久将她杀死。但是她现在是一名律师，并且和其他人一样在享受自己的人生。她说，认为残疾让人生变得不值得是错误的。

我们之间观点的交流在演讲厅里持续了几分钟，并且随后还通过邮件在继续。几年后，当我读到她的自传《夭折未遂》（*Too Late to Die Young*，目前本书无中文译本，标题为译者翻译）时，我看到她将“奋力争辩”（“arguing hard”）作为一项人生乐趣的时候，就并没有感到惊讶了。

第二年，我邀请她来普林斯顿在我授课的本科生大课上做一个演讲。她接受了这个邀请，但是要求在公共场合，我们不能使用我在邮件当中，以自己澳大利亚人的方式使用的名字称呼。她也不愿意接受“辛格教授”（“Professor Singer”）和“约翰逊女士”（“Ms. Johnson”）这种有不平等意味的称呼。我同意她称呼我为“辛格先生”（“Mr. Singer”）。

2003 年，她在《纽约时报》上发表了著名的封面文章《难以言表的对话》（“Unspeakable Conversations”），来讲述她的普林斯顿之行。她行文优美，记忆力惊人（演讲和讨论的时候她并没有做任何的笔记），并且和我曾质疑其存在的其他人相比，她比我想象的更加宽容。她甚至写道，她发现我是一个很好的同伴，就像我确实发现她也是这样的一个人一样。

在她的演讲之后，我安排了她和一些定期聚会讨论伦理问题的本科生共进晚餐。我在她右首落座，她偶尔会让我帮忙挪动一些东西，方便她拿到。在晚餐时，她的右手手肘从她身下滑错位了，而且她无法把它归置回原位，她让我帮忙抓住她的手腕，并且把手肘推回去。我照做之后，她随后便能用叉子取到食物了。我对于这个突发事件没有想太多，但是当她在残疾人运动中告诉她的朋友这件事情时，他们对于她让我帮助她这件事情感到非常震惊。我很高兴她对这件事情没有什么障碍。这意味着，她并不是简单地把我当成“敌人”，而是当作一个可以进行某种形式的人与人之间互动的人。

我的学生们在很长时间里都在讨论约翰逊的造访，我们的谈话也让我印象深刻。约翰逊的人生毫无疑问是非常好的，而且不仅仅是对她自己来说。因为她代表残疾人而进行的法律工作和政府活动对于别人来说也是有价值的。我知道，调查显示残疾人对于其生活的满意程度，与不残疾的人相比没有特别大的不同。这是人们由于长期的残疾，降低了他们对生活的期待，因此更容易满足吗？还是说，一旦我们适应了严重的残疾，其对我们的幸福感并不会带来任何不同？

在后面的六年里，我们偶尔通过邮件沟通。如果我就残疾问题写文章或者做演讲，她会给我提出她的批判，并且随后会有一连串的电子邮件，来澄清我们之间不认可彼此的要点。我试图去说服约翰逊，她关于有严重智力残疾群体权利的态度，对于我们应当如何对待动物也有一定的影响，因为它们享受生命的程度和约翰逊所捍卫其生命权的那些人一样多，甚至更多。她对于这个论点并不反对，但是认为在她不涉及新领域的情况下，已经有足够的问题有待解决。我们发现，如果诉诸宗教，人们更容易达成共识，因为我们都没有宗教信仰，而且我们也都对乔治·W·布什总统的国策方向非常不满。

按照哈丽特的姐妹贝丝（Beth）的说法，哈丽特关于死亡最担心的事情是“那些废物会怎么指摘她”。在对她的悼念当中，有这么一些评论，提到她现在可以奔跑并跳过天堂的洼地——可以确信，这是一种双重的冒犯。首先，约翰逊并不相信死后有来生，其次，为什么要假设天堂的极乐需要你能够奔跑和跳跃呢？

来自《纽约时报》，2008 年 12 月 28 日

第八编：论政治

边沁的谬论——前世与今生

1809 年，功利主义的鼻祖杰里米·边沁开始了《谬论集》（*The Book of Fallacies*）的写作工作。他的目标是曝光那些用来阻碍改革的荒谬论述。类似的改革有诸如抛弃“腐败选区”等——“腐败选区”是指选区里选民数量极其有限，以至于有势力的领主和有产者可以有效地干预议会成员的选举，而像曼彻斯特这样新兴的城市则一直没有代表。

边沁收集了很多谬论的例子，而这些例子通常来源于议会辩论。到 1811 年，他已将这些例子分为接近 50 种不同的类型，并给这些谬论加上了题目，像“攻击我们，你就攻击了政府”（“Attack us, you attack government”），“没有先例的论述”（“No precedent argument”），以及“理论很美好，现实很糟糕”（“Good in theory, bad in practice”）等。康德和边沁都认同的一件事情是，最后一个例子本身就是一个谬论：如果一个事物在现实里是糟糕的，在理论上必定存在缺陷。

因此，边沁还是近年来取得巨大进步的科学领域的先驱。他应该非常欣赏心理学家的研究成果，这些研究表明：我们都有“确认偏误”（指我们会倾向于支持和记住有利于我们的利益的信息，而不是与之相悖的信息）；我们会系统性地高估我们信念的准确性（过度自信效应）；以及我们会倾向于对一个可辨识的单独个体的困境做出回应，而不是对那些我们仅有数据信息的一大群人的困境做出回应。

边沁并不着急出版他的作品。该著作在 1816 年出版了法文删节版，在 1824 年出版了英文版，但是完整的作品仍然处在手稿状态。该作品直到今年①才出版面世，作为正在进行的一个项目的一部分，由伦敦大学学院（University College London）的菲利普·斯科菲尔德（Philip Schofield）主编，边沁文集得以出版。

边沁定义的一些谬论依然频繁地出现，但是也有一些并不是那么相关。“祖先智慧”（wisdom of our ancestors）的谬论经常在有关同性婚姻的辩论中被援引。对于美国政治讨论熟悉的人立刻就会想到一个更加具体的版本，就是被人们称为“国父智慧”（wisdom of the Founding Fathers）的谬论。

另外一个谬论在边沁时代和当下都非常盛行，就是边沁称之为“更多工作机会”（What? More jobs?）的谬论。“工作机会”在边沁的语境中意味着政府开支，而且他认为这是一个谬论，因为对于更多政府开支的全面反对，并没有考虑到额外雇员能够带来的好处。

①2015 年。——译者注。

然而，真正挑战现代读者的“谬论”，是那些现在被受教育程度最高和最精英的圈子广泛接受的观点的总结。边沁说道，其中一个看起来就有一种矛盾的并存，“可以被称为无政府主义传道士谬论（Anarchy-preacher's fallacy）——或者叫人的权利（The Rights of Man）谬论”。

当人们用违反“人的权利”来反对一个措施的时候——或者，如我们今天所说的人权，边沁认为，他们是在用模糊的概念分散我们对该措施效用的评估。边沁认可作为社群的一个优势，法律应当赋予人们特定的权利。但他认为，让我们离无政府状态更近的是，认为我们已经有了独立于法律的、特定权利的思想。鉴于功利原则讲求询问和论证，边沁认为鼓吹这些先验权利的人对此二者都是蔑视的，并且更有可能挑唆人们使用暴力。

边沁对于“自然权利”（natural rights）的反对经常被引用。而不常被讨论的是被他称为“后世设置装置”（Posterity-chainer's device）的谬论。其中一个例子就是英格兰和苏格兰之间的《联合法案》（*Act of Union*）。其要求联合王国（United Kingdom of Great Britain and Ireland）所有继任的统治者都要宣誓，维护苏格兰教会和英格兰教会。边沁认为，如果后世认为他们仍然受到这些条款的约束，那么他们就是为早已去世的独裁者所奴役着。

边沁对这些企图约束后人的行为的反对，不仅仅适用于创造了联合王国的联合体，也适用于建立起美利坚合众国的联合体。为什么当代人认为他们应当为在数百年前决定的事情所约束？不像美国宪法的制定者，我们有几个世纪的经验去判断，一个事项有没有“促进公共福利”。

如果该事项促进了公共福利，我们就有充分的理由去保留它。但如果没有，难道我们不应该有同样的权力和权利——就像那些在一开始就将统治我们的安排写好了的制定者们，去改变这个统治着我们的安排吗？如果我们有这样的权力和权利，为什么让宪法修改如此困难的条款约束了大多数的选民？

在两个或者更多主权州联合的情况下，要为相对较小的州提供保障，使得相对较大的州不能支配它们，边沁对这个问题是敏感的。他认为捆住后代的手脚是不可能的，而他相信在统一政府建立之后，迟早“两个社群会逐渐融合为一个”。

让苏格兰和加泰罗尼亚①独立的公众支持意愿显示了上述论断并不完全准确。当然，边沁应当也已经接受他可能会犯错误的事实。不管怎样，“迷信权威”（Authority-worshipper's argument）是另外一个他所反对的谬论。

来自报业辛迪加，2015 年 8 月 12 日

①加泰罗尼亚（Catalonia）是西班牙东北部的一个地区，2014 年到 2017 年间，一度爆发脱离西班牙的政治运动并进行全民公投。——译者注。

国父们的财政危机

美国人喜欢用一种虔诚的语气去谈论“国父智慧”——国父们，也就是那些写下美国宪法的人。但是众议院的行使方式把政府——或者，至少是把其不重要的服务功能，弄到瘫痪，这让国父们看起来相当的愚蠢。

财政危机根本的诱因，来自国父们对于权力分立原则的迷信。这个原则本身在哲学上就是一直有争议的。

托马斯·霍布斯在英国内战期间的作品就反对了权力分立，主张只有一个强大和统一的中央政府才能保障和平。约翰·洛克就其自身而言，更多地关注于限制君主的权力，并且认为将立法权和行政权分立是实现这一目标的手段。

美国的革命者们曾与他们视为独裁者的乔治三世（George III）做过斗争，他们想要保证在他们新建立的国家里不会出现独裁者。为了实现这个愿景，他们将权力分立原则写进了宪法当中。

结果，美国总统和内阁官员都不是立法机关的成员，并且他们无法被立法机构的多数罢免。同时，立法机关控制着预算以及政府的借款能力。陷入僵局的可能性就显而易见了。

我们可能会认为，国父们值得这样的赞誉，因为事实上美国政府从来没有陷入独裁者之手。但是，我们也可以对英国政府说同样的话，尽管立法权和行政权没有宪法规定的分立——而事实上，这个国家根本就没有成文宪法。

澳大利亚、新西兰和加拿大这些曾经的英国殖民地也没有出现独裁者。然而，和美国相反，这些国家的总理和内阁官员都是立法机关的成员，并且政府只在获得议会下议院（或者，在新西兰，获得其唯一议院）多数的信任时，才能够继续供职。如果立法机关驳回了行政机关维持政府的必要开销，政府就会面临破产，并且会被一个新的政府取代。也可能会有看管人接手，并等待提前选举。

鉴于美国宪法的根本缺陷，当下的危机，以及立法机关和行政机关之间的僵局，经常导致混乱局面的事实，都是可能发生的。这佐证了美国立法者的共识，以及他们为了避免严重损害他们所服务的国家利益而妥协的意愿——到目前为止，确实是这样。

在美国，宪法修正案必须由占总体四分之三的州同意，这意味着，目前修改宪法以克服其导致的危机，并不是一个现实的办法。但是影响今天带有极度党派色彩的美国政治的另一个因素，可以不通过宪法修改加以改变。我们最好抓住这一问题，质问为什么在众议院投票强迫政府关门的许多共和党成员，并不担忧他们的策略——这些策略毫无疑问会伤害到许多他们的选民，会助长选举反弹。

这个问题的答案在于，众议院成员所在选区是出于党派利益而划分的选区，而且已经到了让其他大多数民主国家都会感到荒谬的程度。这种事情会发生，原因在于选区界限划分通常是州立法机关的职责，而控制州立法机关的党派就能够自由地根据自身利益来划分选区。如今，共和党控制了大多数州立法机关，这让他们赢得了众议院的多数席位，尽管大多数美国公众并不支持他们；在2012年国会选举中，民主党候选人在全国范围内比共和党候选人多出了1.4%的选票。

出于党派利益划分美国选区的意义，已超出了众议院不能代表全体人民这个事实。其同样意味着，在职的议员在选举中没有落马之虞。而真正的危险——特别是在共和党当中，大多来自比在职议员更右倾的人。一个温和派所面临的风险并不在于作为整体的选民手中，而是在共和党的提名竞赛中。换句话说，党派内部最积极成员的高投票率，将会对结果产生不成比例的影响。

人们可以想象，两党中都有头脑冷静的人，他们可以基于某种谅解达成一项协议。该谅解即出于美国利益的目的建立一个公正委员会，对所有众议院选举的选区进行公正的划分。达成这样的共识并没有宪法上的障碍。然而，在美国目前极端两极分化的政治环境中，这样的结果和通过禁止众议院驳回政府必要资金的宪法修正案一样，是几乎不可能实现的。

来自报业辛迪加，2013 年 10 月 2 日

为什么要投票？

作为一个澳大利亚公民，我在最近的联邦选举中投了票。大约95%的澳大利亚注册选民也做了同样的事情。在美国的选举中，这个数字却大大相反。2004 年总统选举的结果显示，投票率勉强超过 60%。在总统任期当中的国会选举，有选举权的美国人投票的比例通常要低于 40%。

澳大利亚的投票率如此之高，一个原因在于，20 世纪 20 年代，当投票率跌破 60%时，议会将投票变成了强制性的义务。从那时起，虽然政治局势云诡波谲，政府却从来没认真尝试过要推翻这项法律。民意调查显示支持该法律的人占总人口的 70%。

没有投票的澳大利亚人会收到一封信，内容是询问他们为什么不去投票。那些没有诸如生病或去国外旅行这样合理理由的人，必须要支付一小笔罚金。但是，受罚的人只占合法选民的不到 1%。

在实践中，强制投票不意味着有效投票，而是完成来到选举地点、查验姓名，并且将选票丢进票箱这一系列的动作。由于投票的秘密性，人们不能阻止选民在选票上写无意义的话，或者投空白票。尽管强制投票让无效投票的百分比上升了一小点，但是这一小点并不足以掩盖其给投票率带来的变化。

强制投票并不是澳大利亚特有的。尽管惩罚措施和执行措施各有不同，比利时和阿根廷更早地引进了这个制度，并且这个制度也在许多其他国家中实施，特别是拉丁美洲的国家。

由于在澳大利亚选举的时候，我本人正待在美国，我便没有投票的强制性义务了。尽管我有许多理由希望推翻约翰·霍华德①的保守政府，但是这并不足以解释我为什么不费心去投票，因为我个人的投票对整个结果造成的影响微乎其微（可以预见的是，完全没有任何影响）。

当投票是完全自愿的行为，并且个人能够对结果产生影响的可能性极低的时候，即便是最小的成本——比如说，溜达到投票地点、排队以及投票的时间，都足以让投票这件事变得非常不理性。但是，如果许多人遵循这样的理性，都不去投票，那么少数人就可以决定一个国家的未来，而大多数人对此并不满意。

波兰最近的选举历史提供了一个例证。2005 年波兰全国大选的投票率仅有 40%，这是自共产主义时期之后、出现自由选举以来最低的投票率。结果，雅罗斯瓦夫·

①约翰·霍华德（John Howard），澳大利亚政治家，1996 年—2007 年任澳大利亚总理。——译者注。

卡钦斯基（Jaroslaw Kaczynski）得到了在议会获得多数席位的政党联合体的支持，并当上了总理，尽管他在3000万合法选民当中只获得了600万票。

仅在两年后，当卡钦斯基被迫再次进行民调的时候，很明显，在2005年没有投票的那些人，对这个结果非常不满意。投票率随即上升到了接近54%，特别是年轻的和教育程度高的选民有显著的增长。卡钦斯基遭到了重大的挫败。

如果我们不想要少数人来决定我们的政府，我们就会支持高投票率。但是由于我们自己的选票只对结果产生如此微小的贡献，我们当中的每一个人都依然会面临着“搭便车”的诱惑，即不想去投票，却希望有足够多的他人去投票，以保持大体上的民主，并且选出能够反应大多数公民诉求的政府。

然而，投票也有很多可能的理由。有些人因为喜欢去投票，而且如果他们不去投票，也没有任何更好的事情去打发时间。有些人则是出于一种公民责任感，这种责任感并不能用个人投票的可能影响力所显示出的投票合理性来衡量。

其他一些人可能依然会投票，且并不是因为他们想象自己能够决定选举的结果，而是因为他们想为自己支持的团队助威，就像足球球迷一样。他们投票的原因是，如果他们不投票，而最终选出的政府他们不喜欢，自己就没有立场去抱怨。或者他们可能会计算一下，尽管他们能够决定选举结果的可能性是几百万分之一，但选举结果十分重要，即便是这样小的一点重要性，也足以弥补投票带来的小小不便。

但是如果这样的对价不能让人们去投票，强制投票就是解决“搭便车”问题的一个手段。给不投票强加的一小点成本，会让每个人的投票变得合理，同时也会建立起一个投票的社会规范。澳大利亚人是想要强制投票的。他们很乐意去投票，因为他们知道其他人也在投票。担心低投票率的国家最好考虑一下强制投票模式。

来自报业辛迪加，2007 年 12 月 14 日

一个诚实的人？

在前总统演讲稿撰写人戴维·弗鲁姆（David Frum）关于布什总统滔滔不绝的讲述中，他告诉我们，他的老板“蔑视政治家的那些小谎言”。举个例子，我们知道当布什总统要准备一个第二天的广播播报，他一开始会读到“今天我在加利福尼亚州”然后迅速停顿一下，接着带着愤怒的腔调说道“但是我并不在加利福尼亚州”。弗鲁姆认为这一点有些卖弄，但是总结起来这是总统人设的象征，并且“整个国家会相信，布什政府不会欺骗也不会说谎”。

弗鲁姆的话现在看来是多么的荒谬。

布什可能会天真地认为，当他在华盛顿录制演讲的时候，说自己在加州，是说谎的行径，因此也是错误的行径。但是他没有看到一些更严重的错误，即他的政府在伊拉克使用大规模杀伤性武器的问题上，误导了他的国家和世界。如我们所见，白宫的战争决策是建立在高度精选的档案证据的基础上的，但是布什做了一个陈词，内容是关于伊拉克试图从非洲买入铀的，而这一点他和他的幕僚都知道，即便不是假的，也是高度可疑的。

当问题涉及关于铀的说法是如何被允许保留在布什的《国情咨文》（*State of the Union address*）当中时，国家安全顾问康多莉扎·赖斯（Condoleeza Rice）和国防部长唐纳德·拉姆斯菲尔德（Donald Rumsfeld）主张这不是一个谎言。他们给出的理由表明，他们像总统那样，都在用幼稚的字面意思解释什么是说谎。

布什的原话是："英国政府获悉，萨达姆·侯赛因最近在非洲求购大量的铀。"布什以这样一种方式进行陈述，是因为美国中央情报局（简称 CIA）否决了原来的版本。原来的版本直白地陈述了萨达姆已经在试着从非洲购买铀了。与中情局讨论了此事的白宫幕僚成员，随后建议修改语句，于是就变成了英国报道萨达姆已经在试着从非洲购买铀。

这在字面意义上是真实的，因为英国确实报道过。尽管如此，这仍然是有误导性的，因为中情局已经告知了英国，他们的消息并不可靠。布什仅仅引用英国声明的事实，是赖斯和拉姆斯菲尔德为其辩护的基础。赖斯声称："（布什）做出的陈述的确是准确的。英国政府确实如是表述。"拉姆斯菲尔德声称，布什的陈述在"技术上是准确的"。

事实上，即便是从最字面意义上的解释，布什的陈述也不是准确的。布什并不只是说英国已经"报道"了伊拉克从非洲寻求购买铀，而是说英国已经"了解到"了这件事。说某人了解到了某事，也就是背书了他们所说的他们了解到的是真事。想象一下，如果英国说萨达姆·侯赛因是一个爱好和平的人，并要给他的国家带来民主，布什还会说英国“了解到”了这件事吗？

和试图去解释布什的陈述在“技术上是准确的”微弱努力不同，更加严重的问题在于，即便布什所说的确实是在技术上准确的，其意图仍然是误导全世界的人民去认为，伊拉克已经在尝试从非洲购买铀了。布什和他的幕僚有足够的理性去判断这并不是真的。

布什在这件事情成为公众事件之后的回应，显示出他的关注点仅在于琐碎的事情，而忽略了其本质上的道德瑕疵。一个对于基于误导性信息而启动战争，有着道德上的敏感性的人会采取如下相应的措施：他会确保美国公众知道错误是如何出现的，以及对之负有责任的人承担相应的后果。即便是往最好的可能性上进行解释，这样的后果依然会降临在做出这种严重错误判断的高级官员身上。

但是布什并没有做任何类似的事情。当问题摆在公众面前的时候，布什的回应是将他的批评者们谴责为“修正主义历史学家”，并且通过声称消灭萨达姆是一个好的结果来回避关于他所提供的信息可信度的问题。随后他提出，中情局已经澄清过他的演讲了，好像这样就能把他从所有的责任当中释放出来一样。在中情局总监乔治·特尼特（George Tenet）承担了包含误导性材料事件的责任之后，布什说他对特尼特和中情局“绝对”有信心，并且他认为这个问题解决了。

对于布什诚实的信赖让许多选民在 2000 年总统选举的时候更倾向于选他，而不是艾伯特·戈尔（Albert Gore）。在将“诚实”作为影响其选择候选人的重要因素的选民中，80% 的人说他们会投票给布什。这些选民非常厌恶克林顿（Bill Clinton），不仅仅是因为他与白宫实习生莫妮卡·莱温斯基（Monica Lewinsky）的性丑闻，也因为克林顿对此事撒了谎。

克林顿确实在性关系的问题上撒了谎，这是显而易见的，并且他撒谎的行为也是错误的。但是他的谎言并没有导致他的国家陷入会让成千上万人失去生命的战争。布什对于诚实要求的过度字面解读，揭示了一种更深层的不诚实，其后果在道德上要严重得多。

来自报业辛迪加，2003 年 7 月 30 日

公民身份是一项权利吗？

你的政府可以剥夺你的公民身份吗？

在英国，自 1918 年起，政府有法定权力撤销归化英国人的公民身份。但是，直到 2005 年发生伦敦交通系统恐怖爆炸事件之时，这一权力很少被使用。自那以后，英国政府撤销了 42 人的公民身份，其中包含 2013 年的 20 个个案。英国内政大臣特雷莎·梅（Theresa May）说，公民身份是“一项特权，而非一项权利”。

这 42 人中大多持有双重国籍。然而，穆罕默德·萨克尔（Mohamed Sakr）却不是其中的一员。他的父母从埃及来到英国，但是他不是埃及公民。因此，褫夺他的公民身份后，英国政府让他成了无国籍人。

萨克尔在他居住的索马里对这一决定进行了上诉。他的理由很有说服力，因为英国最高法院随后在另一个不同的案件里判决，政府没有让人成为无国籍人的权力。尽管如此，萨克尔还是终止了他的上诉。很显然，这是因为他很在意使用手机会将自己的位置暴露在美国情报部门的视野里。几个月后，仍然是在索马里，他在一次美国无人机的袭击中丧生。

眼下，参加过叙利亚战争的英国人可能会将恐怖主义带回国内，出于一部分对这种恐惧的回应，政府已经推动立法，使其能够撤销被怀疑与恐怖主义活动相关的，归化英国人的公民身份——即便这样会让他们变成无国籍人。（自年初①起，超过 40 个英国人因涉嫌在叙利亚从事军事活动被逮捕。）议会下议院在一月通过了该立法，但是议会上议院在四月份投票决定，将这一立法提交联合议会委员会进行额外裁量。

在美国，能够撤销公民身份的理由非常有限，例如在公民身份申请中造假，或者是在其他国家军队服役。可以说，参加敌对美国的恐怖组织，相较于参加其他国家的军队是更加糟糕的事情，因为恐怖组织更有可能针对平民。但是一个非常重要的不同点在于，如果加入了其他国家军队的人失去了他们的美国公民身份，他们可能就会成为他们服役国家的公民。恐怖组织通常没有和特定政府之间的关联。

1961 年的联合国《减少无国籍状态公约》（*Convention on the Reduction of Statelessness*）确实允许国家宣布他们的公民成为无国籍人，但前提是应证明这些人做了一些“有损于国家根本利益”的事情。英国也是该公约的签署国。眼下摆在英国议会面前的立法，并不要求任何司法或者公共的证据，甚至是有关某人在本国的出现不利于公共利益这种更弱的证据都不要求。

---

①2014 年年初。——译者注。

如果被撤销公民身份的人进行了上诉，政府并不需要向上诉人开示做出决定的证据。尽管政府在这些案件中势必会时不时地出现错误，但是法官或者法庭是不能去调查摆在他们面前的证据的。此外，更加危险的可能性是，这样的权力会被刻意滥用，政府会仅仅出于不便利就将出现在这个国家的公民驱逐出境。

关于允许充分和公平审查撤销公民身份决定的上诉体系，有一个具有代表性的案件。但通常政府会回应，将认定一个人与恐怖组织相关的证据进行公示，会泄露情报来源及方法，进而危及国家安全。

存在不公示任何证据就能撤销公民身份的能力，这是一个政府宁愿使用这个方式，也不愿逮捕和试探恐怖主义嫌疑人的原因之一。然而，简单地撤销公民身份还不能够解决被怀疑是恐怖分子的人在别处实施攻击的问题——除非像萨克尔一样，被人杀死。

英国立法提案提出的更大问题是，需要在个人权利，包括公民身份权，以及公共利益之间取得令人满意的平衡。假设在 20 次政府对人们与恐怖主义活动相关的怀疑中，有 19 次撤销了人们的公民身份。如果英国政府在 2013 年做出的决定就是这种情况，无辜的归化公民成为无国籍人就仍然有很高的可能性。这是严重的不公平。

但是，假设这 19 人确实有嫌疑涉及恐怖主义活动，并且有能力回到英国。其中一个人实施了类似于伦敦交通系统爆炸案那样的恐怖袭击，并造成了 52 个无辜的人死亡（4 名爆炸袭击者也死亡了）。面对这样的暴行，坚持绝对的个人权利是很困难的。是做出不公正决定让一个无辜的人变成无国籍人？还是让 52 个无辜的人被害以及许多其他人受伤？

恐怖袭击造成的更大危害不能被忽视，但是若一个民主政府开始撤销公民身份，并且让人成为无国籍人，就会给诸国中想要镇压不同政见者的独裁政权树立榜样。在缺乏全球公民身份的情况下，最好能够坚守这样的原则，即公民身份在没有司法听证的情况下不能被撤销。

来自报业辛迪加，2014 年 5 月 6 日

间谍游戏

多亏了爱德华·斯诺登（Edward Snowden），我现在意识到了美国国家安全局（US National Security Agency）正在对我进行监视。其使用谷歌、脸书、威瑞森①，以及其他互联网和通信公司收集大量的数字信息，这毫无疑问地包含了我的邮件、电话通话记录及信用卡使用记录等信息。

我不是一个美国公民，因此这些事情完全是合法的。并且，即便我是一个美国公民，关于我的许多信息也有可能已经被清扫了，尽管这些信息未必是直接的监视目标。

我应该对这类侵犯我隐私的行为感到愤怒吗？难道乔治·奥威尔（George Orwell）在《1984》里描述的社会在三十年后最终到来了？“老大哥”（Big Brother）在看着我吗？

我并不感到愤怒。就我目前所知，我并不十分在意。没有人会愿意去看我的电子邮件，或者去听我的讯佳普（Skype）网络电话。从国家安全局获得数据信息的体量

①威瑞森（Verizon），美国主要无线运营商之一。——译者注。

来看，这项任务是不可能完成的。

取而代之的是，电脑程序挖掘出了数据，情报分析师从中发现可能会成为恐怖分子的可疑活动模式。很多公司会为了更有效率地针对我们投放他们的广告，或者为给我们提供最需要的搜索结果而进行数据收集和分析，前述过程与此处的数据收集和分析并没有什么不同。

问题并不在于政府或者商业机构获得了哪些信息，而在于他们要对这些信息做些什么。如果有证据证明——例如，美国政府使用它们获取的私人信息去敲诈外国政治家，让他们为美国利益服务，或者是出于诽谤美国政策批评家的目的，将这样的信息泄露给了媒体，我会十分地愤怒。这些是实实在在的丑闻。

但是，如果没有此类的事情发生，并且如果有足够措施保障此类事情不会发生，那么剩下来的问题就是，这种巨大的数据收集工作是否真能保护我们免于恐怖主义袭击？以及我们真的能从中实现“物有所值”吗？国家安全局声称通信监控自2001年起，阻止了超过50起恐怖袭击。我不知道如何评价这一声明，并且我也不知道我们是否有别的方法去阻止这些袭击的发生。

“物有所值”的问题更加难以衡量。2010年，《华盛顿邮报》发布了一篇题为《美国最高机密》的主题报道。在十多位记者历经两年的调查之后，《华盛顿邮报》得出结论，没有人知道美国情报活动的花费——甚至美国情报机构雇用了多少人也无人知晓。

彼时，《华盛顿邮报》报道了 85.4 万人持有涉及“最高机密”的安全许可。现在据报道，这个数字已经升高到了 140 万人。(人数的绝对数字让人怀疑将个人信息滥用于勒索，或者其他私人目的是否是必然发生的。)

无论我们对国家安全局监视活动本身如何评价，美国政府很显然对于透露这方面信息的行为反应过火。美国政府撤销了斯诺登的护照，并且写信给其他国家政府，要求他们拒绝斯诺登的任何庇护申请。其中最著名的事件是，法国、西班牙、意大利和葡萄牙以斯诺登可能在飞机上为由，明确拒绝玻利维亚总统埃沃·莫拉莱斯(Evo Morales) 的飞机在从莫斯科回国的途中进入他们的领空，这件事情似乎是美国在背后指使。莫拉莱斯被迫在维也纳着陆，并且拉丁美洲的领导人们对于侮辱他们尊严的行为感到暴怒。

民主制的支持者应当在控告朱利安·阿桑奇①、布拉德利·曼宁②和斯诺登这样的人之前三思。如果我们认为民主是一件好事，那么我们就应当相信，公众应当尽可能多地知道其所选举出的政府正在做的事情。斯诺登说过，他将这些文件公开出来，是因为“公众需要自己来决定这些项目和政策是正确的还是错误的”。

---

①朱利安·阿桑奇 (Julian Assange，1971—)，“维基解密”创始人，曾在维基解密中多次泄露美国官方和军方秘密文件及通信记录。——译者注。

②布拉德利·曼宁 (Bradley Manning，1987—)，美国陆军士兵，曾向维基解密提供 25 万份美国政府机密资料。——译者注。

在这件事情上，斯诺登是对的。如果一个民主政体完全不知道这种监视项目的存在，它又如何决定政府是否应当采取像国家安全局正在实施的这样的监视活动呢？实际上，斯诺登泄露的文件也显示了，国家情报总监詹姆斯·克拉珀（James Clapper）在三月份[①]由参议院情报委员会（Senate Intelligence Committee）组织的听证会上，就国家安全局在其境内实施监视活动的事项，误导了美国国会。

当《华盛顿邮报》[和《卫报》（*The Guardian*）一起]出版了斯诺登提供的信息时，其向美国民众提出了一个问题：他们支持还是反对国际安全局情报收集项目？大概58%的受调查者支持这个项目。但是，同样的调查发现，仅有43%的受调查者支持控告斯诺登公开这一项目的行为，而有48%持反对意见。调查也显示，65%的受调查者支持美国国会就国家安全局的监视活动进行公开听证。这如果实现了的话，我们都会因为斯诺登的泄密而了解到更多的信息。

来自报业辛迪加，2013年7月5日

①2013年3月。——译者注。

我们应当褒奖种族主义者吗？

上个月[1]，在我的实践伦理学课程当中，有几个学生站起来然后走掉了。他们和成百上千的人参加了由黑人正义联盟（Black Justice League，简称 BJL，下称黑正盟）领导的抗议活动。2014 年 8 月，在密苏里州的弗格森，迈克尔·布朗（Michael Brown）遭遇枪杀，随后又发生了数起警察杀害手无寸铁的非裔美国人事件。为了对这些事件做出回应，全美出现了许多学生组织，黑正盟就是其中的一个。

那天后来，黑正盟的成员占领了普林斯顿大学校长克里斯托弗·艾斯格鲁伯（Christopher Eisgruber）的办公室，声称除非他们的要求得到满足，否则不会离开。这些要求包括对学术和非学术职员进行“文化能力培训”，即要求学生学习边缘人历史的课程，并且在校园里提供专用于传播非裔美国人文化的“文化亲和空间”。

得到全国关注的要求是对学校的伍德罗·威尔逊公共与国际事务学院（Woodrow Wilson School of Public and International Affairs）提出的，要求其中一个寄宿学院，

---

①2015 年 11 月。——译者注。

威尔逊学院（Wilson College），进行更名。学院的餐厅装饰着威尔逊的大型壁画，黑正盟也要求把这幅壁画移走。联盟成员说，褒奖威尔逊是对非裔美国学生的冒犯，因为威尔逊是一个种族主义者。

威尔逊是国内事务的激进主义者和对外政策的理想主义者。他领导的政府通过了给工人新权利和反对童工的法律，以及改革银行法和反对垄断的法律。在“一战”的余波中，他坚持由道德价值指导对外政策，并且号召在欧洲进行民主和民族自决。

但是，他针对非裔美国人的政策却是保守的。在 1913 年，当他成为美国总统时，他接手了一个雇用非裔美国人的联邦政府，其中部分非裔美国人同白人一起承担中层管理岗位的工作。他的政府重新引进了工作场所和洗手间的种族隔离，而这种隔离在内战结束的时候就已经被抛弃了。非裔美国人管理者被降级到更加低下的岗位。当一个非裔美国人的代表团抗议的时候，他告诉他们，应当视隔离为一种好处。

威尔逊的名字装饰在普林斯顿大学显眼的位置，不仅仅是因为他是学校最著名的校友之一（并且是唯一一个获得诺贝尔和平奖的校友），也是因为在其成为美国总统之前，他是普林斯顿的校长。用伍德罗·威尔逊学院前院长安妮-玛丽·斯劳特（Anne-Marie Slaughter）的话来说，这个人“可能在将（普林斯顿）从一个预科绅士的保留地转换成一个伟大的研究型大学的过程中，做出了超出所有其他人的贡献”。

威尔逊因“十四点和平原则”（“Fourteen Points”）闻名世界，他提出的“十四点和平原则”是结束“一战”的和平条约的基础。他主张奥匈帝国和奥斯曼帝国人民的自治，以及波兰的独立。随后，毫无疑问，在华沙有威尔逊广场，布拉格主要的火车站是以他命名的，并且在布拉格和伯拉第斯拉瓦①均有威尔逊大街。

“十四点和平原则”还提倡开放式契约——不得有密谋策划战后瓜分其他国家领土的秘密条约，以及减少贸易壁垒。可能其中最重要的是提议建立“一个国家间的综合性联盟……以相互保证大小国家的政治独立和领土完整”。

这一倡议推动了国际联盟（League of Nations）——联合国前身的成立，国际联盟存在于1920年到1936年，总部位于日内瓦的威尔逊宫（Palais Wilson）。这座建筑保留了这个名字，如今是联合国人权事务高级专员（UN High Commissioner for Human Rights）的总部。

历史总是充满着誉满天下、谤满天下的人。在美国，我们只要看看那些奴隶主国父们，以及早期的总统乔治·华盛顿（George Washington）、托马斯·杰斐逊（Thomas Jefferson）及詹姆斯·麦迪逊（James Madison）就可以了。一个可能为他们辩护的理由是，与威尔逊不同，他们至少没有比他们时代通行的标准更糟糕。但这

①伯拉第斯拉瓦（Bratislava），捷克斯诺伐克首都。——译者注。

是一个继续纪念他们的充分理由吗？

新奥尔良的一个学校的校董会并不这么认为。在通过决议宣称不再有以奴隶主命名的学校之后，其将乔治·华盛顿小学（George Washington Elementary School）更名，将其以另一个为打破输血中的种族隔离而斗争的非裔美国外科医生命名。那么是否这个国家首都的名字也应当被重新考虑一下呢？

阿吉姆·温戈（Ajume Wingo）在其著作《自由民主国家的面纱政治》（*Veil Politics in Liberal Democratic States*，目前本书无中文译本，标题为译者翻译）中描述，“政治面纱”（political veils）掩盖了政治制度的历史细节，并造就了理想化的外表。同样的事情也发生在伟大——或者不那么伟大的政治领袖身上，他们成为灌输公民美德的象征性机器。

但是，随着我们道德标准的提升，历史人物的不同个性变得更加具有相对性，并且象征性符号会发展出不同的意味。当 1948 年威尔逊的名字被冠在普林斯顿大学的公共与国际事务学院时，离著名的罗莎·帕克斯公交车乘坐案件①还有七年时间，且彼时美国南方的种族隔离还没有受到严重的挑战。现在这些事情是无法想象的。

①罗莎·帕克斯（Rosa Parks，1913—2005），美国黑人民权主义运动家。1955 年，帕克斯在一辆公共汽车上就座时，被司机要求给白人让座，帕克斯拒绝了司机的要求而因此被捕，并被处以监禁和罚款。这一事件引发了蒙哥马利市长达 381 天的黑人抵制公共汽车运动。——译者注。

威尔逊的种族主义因此变得更加突兀，而且不再体现对今天的普林斯顿大学的重要价值。

威尔逊对普林斯顿大学，对美国，以及对全世界的贡献不能从历史中被抹杀。反而，我们应当以某种方式承认它们。这种方式应当是一种创造了关于价值观改变的微妙对话的方式，是一种既包含威尔逊的积极成就，也包含其对美国种族主义政策及实践影响的方式。

在普林斯顿大学，这种对话的结果应当是对学生和教职工的教育，反之他们可能不会意识到校史中这位重要人物的复杂性。(我可以肯定，我已经从中获益：我在普林斯顿大学执教 16 年，并且我在更长的一个时期里，称赞过威尔逊的某些对外政策立场，但我对威尔逊种族主义的了解要归功于黑正盟。）我们应当进行对话的终极目的可能是很好地认识到，将威尔逊的名字和一个学院或者学校挂钩，传递出了一种对于这个机构根本价值观误读的信息。

来自报业辛迪加，2015 年 12 月 11 日

第九编：论全球治理

逃离难民危机

今年[①]7月，到达欧盟边境的移民数量已经超过了10万人——这是记录被连续刷新的第三个月。在8月的一个星期内，21 000名移民到达希腊。游客们抱怨，他们原计划的在希腊小岛上度过夏日假期现在变成了在“难民营”当中度过。

当然，难民危机的影响要严重得多。上周[②]，奥地利官方在维也纳附近的一辆被抛弃的匈牙利卡车上发现了71具腐烂的移民尸体。今年，有2500多名准备移民的人淹死在地中海中，他们中的多数试图从北非横跨地中海前往意大利。

法国的移民正生活在加莱[③]附近的帐篷中，他们在等待着一个机会，能够扒上一节通过英法海底隧道的货运火车去往英国。他们中的有些人也死掉了，死因是掉下火车，或者是被碾压。

尽管如此，在欧洲的难民数量和其他国家相比仍然

①2015年。——译者注。
②2015年8月的最后一星期。——译者注。
③加莱（Calais），法国北部港口城市。——译者注。

是少的。德国和其他欧洲国家相比收到了更多的庇护申请，但其接收难民的比例为每 1000 个居民中有 6 个难民，比土耳其每千人中接收 21 个难民的三分之一还少，而土耳其的难民比例与黎巴嫩每千人中接收 232 个难民的比例相比，就显得很少了。

2014 年年底，联合国难民署（简称 UNHCR）估计，全球有 5950 万人被迫迁居，这是有记录以来的最高水平。这些人当中，有 180 万人正在等待他们庇护申请的决定结果，1950 万人成为难民，其余的人在本国境内流离失所。

叙利亚、阿富汗和索马里是最大的难民来源国，但是更多的难民来自利比亚、厄立特里亚、中非共和国、南苏丹、尼日利亚以及刚果民主共和国。

我们不能怪罪希望离开冲突频仍的贫穷国家，并在别处寻找更好生活的人。如果与他们易地而处，我们也会做出同样的选择。但是，一定有一种回应他们需求的更好方式。

一些大胆的思想家提倡开放边境的世界，声称这将极大促成世界 GDP 和平均全球幸福感的提升。（举例参见 http://openborders.info）这样的观点忽略了我们这个物种可悲的排外倾向，欧洲极右翼极端主义政党的人气飙升，再清楚不过地证明了这一点。

在可预见的未来里，没有政府会向所有想要进入的人打开边境。实际上，现在只有相反方向的变动发生：

塞尔维亚和匈牙利正在修建将移民挡在外面的藩篱；最近刚保证26个欧洲国家自由活动的申根区内部，也进行了关于恢复边境控制的谈话。

比起简单的自我封闭，富裕的国家应当给帮助了大量难民的较贫困国家更多的支持：黎巴嫩、约旦、埃塞俄比亚和巴基斯坦是明显的例子。安全地生活在有自己边界国家的难民，更不可能冒险尝试逃亡到遥远区域，并且一旦冲突得到解决，他们更有可能回到自己的国家。对于承担了最大难民负担的国家进行国际援助，同样具有经济意义：约旦帮助一个难民的一年花费大约为3000欧元（3350美元）；在德国，这项花费至少有12 000欧元。

但是，归根结底，我们应当重新审视那个对很多人来说是神圣且不可变动的文本：《联合国关于难民地位的公约和议定书》（*UN Convention and Protocol Relating to the Status of Refugees*，下称《公约》）。《公约》缔结于1951年，最初限于在缔结日之前处于欧洲逃亡事件的人们。其要求签署国允许到达其领土的难民停留，不得歧视或因违反移民法律而处罚他们。难民被定义为那些因“种族、宗教、国籍、社会群体成员身份或者政治观点”而受到迫害，有充分理由产生恐惧，并因此不能或者不愿意回到他们自己国家的人。

1967年，《公约》取消了时间和地理上的限制，成为一部普适性的公约。这是一件高尚的事情，但从来没有人提出一个关键性的问题：为什么有能力迁移到其他国家的人和那些在难民营且无力迁移的人相比应当拥有优先权？

富有的国家有接纳难民的义务，并且它们中的许多国家可以且应当接纳比现在更多的难民。但随着申请庇护的人数日益增多，如果法庭和法院还是根据《公约》的定义来判定谁是难民、谁具有良好素养，就会使得那些想要在更富裕国家过更好生活的人的处境变得十分困难。

《公约》也导致了一种新的、时常肆无忌惮，且有时是致命的偷渡产业。如果那些在邻国申请庇护的人被送到难民营，免受迫害，并能从富裕国家那儿得到经济上的援助，偷渡以及其过程当中的死亡，将会被避免。进一步来讲，经济移民申请庇护的动力就会被降低，而富裕国家在保持对其边境控制的同时，也履行了从难民营接纳更多难民的义务。

这可能不是最好的解决办法，但它可能是最可行的办法。并且它看起来比现在许多难民面对的混乱和悲剧要好得多。

即便难民们被送到了安全的避难所，但将已经到达一个国家边境的人拒之门外，依然是在情感上难以接受的。我们应当对在难民营中等待的成百上千万人抱有同情，我们也应该给他们希望。

来自报业辛迪加，2015年9月1日

公开外交可能吗？

伍德罗·威尔逊（Woodrow Wilson）在成为美国总统之前，担任过普林斯顿大学校长，他的时代从未远去。我是威尔逊学院的一名研究员，从威尔逊学院的餐厅向对面望去，就能看到他那张具有传奇色彩的画像。在他做校领导的时候，现在的教工餐厅展望楼（Prospect House）就是他的家庭居所。

因此，当维基解密近期披露了约25万封外交电报并因此引发众怒时，我回想起了威尔逊1918年的演讲。在这场演讲中，他为结束“一战”实现正义的和平，提出了“十四点和平原则”。其中的第一点称：“必须达成公开的和平条约。在此之后，需保证无任何形式的私下国际行为和判决，外交需要在公共视野下公开进行。”

这是一个我们应当认真对待的理想范式吗？维基解密的创始人朱利安·阿桑奇真的是伍德罗·威尔逊的拥趸吗？

但是威尔逊没能让《凡尔赛条约》（*Treaty of Versailles*）充分反映他的“十四点和平原则”，尽管它囊括了部分内容，包括建立了今天联合国的前身——国际联盟。但是威尔逊没能让美国参议院批准包含《国际联盟盟约》（*Covenant of the League of Nations*）在内的条约。

历史荣休教授保罗·施勒特（Paul Schroeter）本月早些时候在《纽约时报》上发表文章，称公开外交经常存在“致命缺陷”，并举了一个例子，用以佐证秘密谈判在达成《凡尔赛条约》时的必要性。由于该条约对导致希特勒独裁和“二战”的德国民族主义复活负有实质性责任，其可以被称为是人类历史上最具灾难性的和平条约。

此外，可以想象，如果威尔逊的提案构成了和平的基础，并奠定了所有未来谈判的基石，20 世纪的欧洲历史会变得比实际上更加糟糕。这就让《凡尔赛条约》成为一个用以说明国际谈判中对秘密性要求的糟糕例子。

公开的政府，在有限制的条件下，是我们所有人都认可的理想模式。美国总统巴拉克·奥巴马在其 2009 年 1 月上任后就对这一点做出了背书。“从今天开始，”他告诉他的内阁部长和幕僚们，“所有的政府机构和部门应当知道，本届政府不与那些试图隐瞒信息的人同道，而是与那些希望公开信息的人站在一起。”他随后指出，这一政策本就应当有保护隐私和国家安全方面的例外。甚至国防部长罗伯特·盖茨（Robert Gates）也承认，尽管近期的泄密事件对于美国来说是尴尬且别扭的，但其对于对外政策的影响并不大。

有些泄密的电报仅仅是观点，并且和那些关于国家领导人的小道消息无异。但是，举个例子，我们知道，由于泄密，当英国政府展开其声称的对伊拉克战争起因的公开调查时，它也向美国政府承诺，它将“采取相应的措施保障其利益”。英国政府似乎欺瞒了公众及其议会。

类似地，泄露的这些电报也显示了也门总统阿里·阿卜杜拉·萨利赫（Ali Abdullah Saleh）就美国空袭也门基地组织（al-Qaeda）时的资源来源，向其民众和议会撒了谎：总统告诉他们，空袭的炸弹来自也门的军队。

我们也知道了更多关于美国支持的一些政权的腐败程度的信息。我们现在知道了，沙特皇室强烈要求美国承诺对伊朗进行军事打击，以阻止其成为有能力生产核武器的国家，而美国政府反对了这项提议。

知情通常被认为是一件好事，因此，据此判断，了解更多关于美国在全世界如何思考、如何运作的信息也是一件好事。公民要对政府做出判断，如果他们对于政府的所作所为一无所知，他们就无法做出有根据的决定。

然而，公开比秘密好这个命题，并不是在所有情况下都是正确的。假设美国的外交官发现，生活在野蛮军事独裁之下的民主主义者正在同低阶官员进行谈判，要通过发动政变恢复民主及法治。我倒是希望，对于外交官向其上级汇报这一阴谋的电报，维基解密不要去进行公开。公开在这个意义上类似于反战主义：正如我们不能在别人随时准备使用武器的时候就接受彻底裁军一样，伍德罗·威尔逊提出的公开外交的世界，只是一个崇高的理想，其不能够在我们现在生活的世界里得到完全实现。

然而，我们可以尽可能地靠近这个理想世界。如果政府不那么频繁地误导公民，就不会有那么多秘密存在的必要，如果领导人知道他们不能够保证公众对自己的所作所为一无所知，他们会更有动力去表现得更好。

近期解密事件最可能的后果是限制了未来更进一步的公开，这是非常遗憾的。让我们期待在新的维基解密时代，限制公开的局面不会到来。

来自报业辛迪加，2010 年 12 月 13 日

大型食品公司的伦理问题

上个月[①]，国际救助组织乐施会（Oxfam）启动了一场名为“品牌背后”的运动。运动的目标在于评估世界十大食品和饮料公司的透明度，主要关注他们如何生产产品，以及对他们在一些敏感问题上的表现进行评级，如对小型农场主的待遇，水及土地的可持续利用，气候变化以及对女性的剥削。

消费者负有关注他们的食物是怎么被生产出来的伦理责任，并且大品牌有相应的义务对其供应商信息做到更加透明。这样他们的消费者才能够在知情的情况下做出他们吃什么的选择。在许多情况下，大型食品公司本身并不知道他们在这些问题上的表现，这就暴露出了他们这一方对于伦理责任感的严重缺乏。

雀巢（Nestlé）在透明度上的排名最高，因为他们至少提供了部分商品源的信息以及审计体系的信息。但是即便如此，它的排名也只是“一般”（“fair”）等级。通用磨坊（General Mills）在排名当中垫底。

除了缺少透明度，乐施会的报告定义了十大食品公

①2013 年 2 月。——译者注。

司均有的一些不足。他们没有给小型农场主提供加入供应链的平等机会，并且当小型农场主有机会将产品卖给大品牌的供应商时，他们无法就其产品取得一个合理的价格。

十大食品公司也没有负起足够的责任，保证他们的大型农场主供应商向他们的工人支付体面的工资。世界范围内有 4500 万农业工人，而在许多国家，他们经常拿不到足够的工资，其中 60%的工人生活在贫困之中。

十大食品公司中的部分公司做出了比其他人更多的努力——在这些领域里发展相应的伦理政策。联合利华（Unilever）承诺从小型农场主处采购更多的原材料，并且保证到 2020 年，其主要商品将 100%使用可持续原料。这一政策使联合利华在“对小型农场主的开放度”上得到了最高的分数，评级为“一般”。达能（Danone）、通用磨坊以及家乐氏（Kellogg's）垫底，评级为“非常差”（“very poor”）。

许多年来，雀巢因在发展中国家营销婴儿配方食品而受到批判，在这些国家母乳哺乳是可行的，而且相较于奶粉喂养，母乳喂养更加健康。为了回应这一批判，雀巢修改了其政策。但是近期，又有针对雀巢的批判了，这次主要集中在生产可可饮料时使用童工及强迫劳动上。

2011 年，雀巢公司让公平劳工协会（Fair Labor Association）来评估其供应链。评估结果确认了，许多雀巢的供应商存在使用童工和强迫劳动的情况。现在雀巢公司开始正视这一问题了。结果是雀巢、联合利华和可口可乐（Coca-Cola），在工人权利一项上得了“一般”。十大食品公司没有做得更好的了。家乐氏在这一项得分最低。

农业是温室气体排放的主要来源，总量要超过所有交通排放量的加总，农业也是受气候变化影响最大的一个产业，近期降水量模式的变化就给其带来了明显的影响。为了放牧和棕榈油生产而夷平热带雨林的行为向大气释放了大量储存起来的碳排放。放牧反刍动物，例如牛羊，也对气候变化影响显著。

同样，大品牌因无法追踪其直接或者间接负责的碳排放，在乐施会处收到了很低的评分。雀巢是获得“一般”评级的唯一一家公司，英国联合食品公司（Associated British Foods）垫底，评级为“非常差”。

人人都能通过互联网访问乐施会的网站，并且看到各大品牌在七个重要伦理指标上的排名。最高的评分目前“一般”，十大公司中没有任何一家在任何一项评分中获得“良”（“good”）。

将个人消费者直接与这些公司联系起来，要求这些公司就其获得产品原料的方式承担更多的责任。通过这种方式，乐施会希望“品牌背后”运动可以促成一个“力争上游”的氛围。大公司竞相争取更高的评分，成为大家所知的、真正的透明市场行为者，在负有极高伦理责任的情况下生产食品和饮料。

已经发生的变化表明，如果大公司知道他们的消费者想让他们的行为更加符合伦理，他们就会这么去做。为了更有效果，此类运动要求个人消费者自身对其消费的饮食主张更多的知情权，让他们的声音被听到，让他们的消费选择既受到口味和价格影响，也受到伦理因素的影响。

来自报业辛迪加，2013年3月12日

公平和气候变化

【合作作者：滕飞（Teng Fei）】

公平感是人类普世共通的，但是人们通常在特定的情形下对公平的要求有不同的见解。在关于是否需要减少温室气体排放以避免危险的气候变化的辩论中，前述的观点再显而易见不过了。

中国和美国是两个最大的温室气体排放国，在没有两国共同参与的情况下，很有可能无法达成任何有效的全球减排协定。但是在国际气候谈判中，这两个国家在每个国家应当做什么的问题上的观点似乎相差甚远。对于气候变化问题感兴趣的教授，其中一个人来自中国的顶尖高校，① 另一人来自美国的顶尖高校。我们想看看我们能否就管制温室气体排放的公平原则达成一致。

我们决定使用基尼系数（Gini Coefficient），这是一个衡量收入分配不平等程度的常用指标，我们用它来衡量碳排放当中的不平等程度。基尼系数是一个范围在 0 到 1 之间的指数，0 意味着所有人有完全相等的收入，1

①合作作者滕飞就职于清华大学能源环境经济研究院。——译者注。

意味着一个人占有所有的收入，而且他人没有任何收入。当然，所有现存社会的基尼系数会在这两极之间，像丹麦这种比较平等的国家大概是 0.25，像美国和土耳其这种不那么平等的国家，基尼系数接近 0.4。

不同的公平原则会带来总体上不同的排放分配方式，以及不同的“碳排放基尼系数”（Carbon Gini Coefficients）。我们利用 1850—2050 这个时间段去计算碳排放基尼系数。这就涉及历史责任原则，像中国和巴西这样的国家会主张这一原则，其将已经对大气产生影响的过去排放量也计算进去。

我们选择了三个被广泛讨论的给不同国家分配温室气体排放限额的方法。（我使用℃作为温度标识。）

人均排放权平等法（The equal per capita emission rights approach）：按照各国人口数比例，将排放权分配给各国，但是分配总额只在全球碳排放预算剩余部分范围内。也即，从现在到 2050 年，在符合避免气候危险性变化要求的情况下，我们仍然可以排放的总量。（这一限制通常为避免升温 2℃以上。）

人均积累排放量平等法（The equal per capita cumulative emission approach）：寻求以往至今的平等，而不仅仅是从今往后。因此，这一方法结合了历史排放责任的维度，以及人均平等权利。在考虑已经被消耗的份额比例情况下，这一方法将全球整体排放预算量分配为均等的份额。

“祖传方法”（The grandfathering approach）：基于现有模式分配排放权。这种分配方式已经成为参加《京都议定书》（*Kyoto Protocol*）的发达国家，事实上在应用的方法。《京都议定书》要求缔约国在其1990年排放量的基础上减少百分比实现排放目标。因此那些在1990年排放更多的国家，较之在1990年排放较少的国家，在未来有更多的排放配额。

人均积累排放量平等法，从定义上来讲，是在所有国家当中以其历史上对于气候变化的贡献实现完美平等的方法。因此它能让碳排放基尼系数变成0。人均平等原则适用于从现在起的年排放量，这导致了大约0.4的碳排放基尼系数。这一不同显示出发达国家和发展中国家之间的争议。争议关系到对于从1850到2050年间40%的全球温室气体排放，以及避免超过2℃升温的历史责任原则。祖传原则导致的碳排放基尼系数是最大的，大约有0.7。

碳排放基尼系数的巨大不同显示出世界对于什么是气候变化的公平解决办法，缺少一个共识。国际气候谈判的成功取决于各方，以及他们所代表的公民如何去考虑一些重要的平等原则，特别是历史责任和人均平等权利。在到目前为止的谈判中，我们清楚地看到，长期的平等考量并没有得到足够的考虑。当事实上的“祖传原则”被应用的时候，我们的碳排放基尼系数显示，多达70%的世界碳排放预算依然在富裕国家和贫穷国家间存在争议。

如果事实证明，达成关于实质上的平等原则的认同太过困难，那么对于一些碳排放基尼系数太过极端而造成不公平的认同，可以构成最小共识的基础。举个例子，“祖传原则”带来了数值为 0.7 的非常高的基尼系数。我们可以将这个数字与美国收入分配的基尼系数进行比较。大部分人认为，美国收入分配的基尼系数已经反映了一种高度不平等，但是与 0.7 的基尼系数相比要低得多，差不多只有 0.38。

另一方面，年排放的人均平等所基于的原则，至少应当被认为是公平的，并且基尼系数要低于 0.4。因此，我们认为，任何公平的解决办法，都应当让基尼系数落在 0—0.4 的“公平范围”内。尽管任何精确数字的选择都稍微有些武断，但是在各方讨论气候变化问题的公平解决方式的那些提议中，这个数字可以起到一个边界的作用。

来自报业辛迪加，2013 年 4 月 11 日

污染者会为气候变化买单吗？

我在纽约写作这篇文章的时候是今年[①] 8 月初，当时市长宣布进入“高温紧急状态”，以避免预期的大量空调使用带来的大面积电力断供。如果市政府公务员将他们的恒温调节器设置在 25.5℃以下的话，他们可能会面临刑事指控。尽管如此，电力用量还是飙升至有记录以来的最高值附近。

同时，加州的温度也在破纪录。对于整个美国来说，2006 年的上半年是超过一个世纪的时期里最热的。欧洲也正经历着异常炎热的夏天。英国和荷兰在 7 月份有了新的高温纪录，而在 300 年间，这两国的天气数据都是下降的。

北部的高温夏季与《难以忽视的真相》（*An Inconvenient Truth*）的发布相呼应。这是一部由美国前副总统阿尔·戈尔主创的纪录片电影。影片使用了一些瞩目的图表、图像和其他信息，传递出一个令人信服的事实，即我们的二氧化碳排放正在造成全球变暖，或者说，在最小的意义上我们也正在对全球变暖产生影响，并且

①2006 年。——译者注。

我们迫切地需要解决这个问题。

美国人倾向于对道德和正义进行很多讨论。但是大多数美国人都没有意识到，他们的国家拒绝签署《京都议定书》，而且他们随即针对温室气体排放提出的“一切如常法”（business-as-usual approach）是最严重的道德沦丧。这已经对他人造成伤害了。且最大的不平等在于，明明是那些使用了大多数能源并产生排放的富人造成了气候变化，却是那些穷人承担了大多数的后果。（至于你能为自己减排做些什么，请转至 www.climatecrisis.net.）

我只要瞥一眼让我的办公室保持舒适的空调，就能看到这样的不平等。尽管我已经超出了市长的要求，将空调温度设置在了 27℃，但是我仍然是反馈循环①的一部分。我使用更多的能源来抵御炎热，而这又将带来更多化石燃料的燃烧，向大气中释放更多的温室气体，并让整个地球更加升温。这甚至发生在我观看《难以忽视的真相》的时候：在一个炎热的夜晚，电影院的温度很低，我真希望我带了一件夹克。

炎热是会杀人的。根据官方估算，2003 年欧洲热浪造成了法国大约 35 000 人的死亡，以及英国超过 2000 人的死亡。尽管没有特定的热浪可以直接归因于全球变暖，

---

①简单来讲，反馈循环（feedback loop）是指某一流程的输出（反馈）在下一个循环中成为这一流程的输入的循环模式。作者在其后描述的他使用更多的能源来抵御炎热，造成更多化石燃料的燃烧，排放更多温室气体，这些行为反过来使天气变得更加炎热，便是这一循环模式在气候变化问题上的具体表现。——译者注。

但是全球变暖会让此类事件的发生更加频繁。进一步来说，如果全球变暖继续得不到控制，降水量变得更加不规律，进而造成长期干旱和严重洪涝，因此而产生的死亡人数会让欧洲热浪的死亡人数相形见绌。更加频发的强烈飓风会造成更多的死亡。极地冰川融化会导致海平面上升，淹没成百上千万人种植口粮的低洼肥沃三角洲区域。热带疾病会传播，并杀死更多的人。

毫无疑问，死亡的是那些缺少资源去适应，找不到替代食物来源，以及得不到医疗的人。甚至在富裕国家，死于自然灾害的通常都不是富人。当卡特里娜飓风袭击新奥尔良的时候，死亡的是那些生活在低洼地区，没有汽车逃跑的穷人。如果在美国这样的国家，一个有着合理有效的基础设施以及资源，能够在危机时期帮助其公民的国家，这样的事情都真实存在，当灾害席卷贫困国家时，这样的情况甚至会更加恶劣。因为他们的政府缺少必要的资源，且当涉及国际援助时，富裕国家并不将人类的生命一视同仁。

根据联合国的数据，2002 年，美国人均温室气体排放量是印度的 16 倍，是孟加拉国的 60 倍，是埃塞俄比亚、马里以及乍得的 200 倍。其他排放量接近美国的发达国家包括澳大利亚、加拿大和卢森堡。俄罗斯、德国、英国、意大利、法国以及西班牙的排放水平均在美国的四分之一到二分之一之间。这个量级依然显著高于世界平均水平，并且是因全球变暖造成人口死亡情况最严重国家的50倍。

如果污染者伤害到了他人，这些受到伤害的人通常需要有一个法律上的救济。比如说，如果一个工厂将有毒化学品泄漏到河流中——而这条河流是我用来灌溉我的农场的，造成了农作物的死亡，我可以起诉工厂主。如果富裕国家用二氧化碳污染了大气，降水量的变化导致我的农作物颗粒无收，或者我的土地被上升的海平面淹没，难道我不应该也有起诉的权利吗？

位于伦敦的非政府组织国际环境与发展研究所（International Institute for Environment and Development）的主任卡米拉·图尔明（Camilla Toulmin）出席了六月份阿尔·戈尔关于气候变化的演讲。她问及戈尔，他怎么看待给那些对气候变化影响最小，但受到气候变化影响最严重的人补偿的问题，图尔明在“开放民主网”（www.opendemocracy.net）上说，这个问题似乎让戈尔十分惊讶，他并不支持这个想法。和图尔明一样，我也疑惑，这是不是一个即使对戈尔来说也“不太方便说明”的事实。

来自报业辛迪加，2006年8月5日

为什么在气候变化会议上提供肉食？

【合作作者：弗朗西丝·基斯林（Frances Kissling）】

超过 50 000 名联合国官员、科学家、环保主张者，以及一些国家首脑，将会在接下来的一周①齐聚里约热内卢，参加一个关于可持续发展的会议。在第一届地球峰会（Earth Summit）于同一座城市召开 20 年后，他们又聚集在此，像当年的目标那样，现在的目标是明确如何减少温室气体的危害，以及帮助 13 亿生活在极端贫困中的人。换句更加直白的话来说，我们如何在不危害子孙后代生存能力的前提下，有道德地生存。

这些是议程里的内容。

但是我们想要知道的事情是：会议菜单上有些什么？具体来说，这场关于气候变化的大型会议上会提供肉食吗？——肉食的生产和消费是气候变化的主要原因。

我们试图去弄明白这件事。

对于我们的邮件质询，他们的第一次回答忽略了这

①此处指 2012 年 6 月 15 日—22 日，相关会议为 2012 年联合国可持续发展大会，会议于 2012 年 6 月 20 日至 2012 年 6 月 22 日召开。——译者注。

个问题，并且他们骄傲地指出了这场活动为绿色环保做出的努力。一位联合国发言人回应道："巴西政府和联合国秘书处已经采取了一些措施，让里约会议变得'绿色环保'。其中一件，会议将会是'无纸化的'。会议不提供任何纸质文件，除非基于需求有特别的打印请求。我也了解到，巴西政府也在解决塑料的问题。"

进一步地探究后，我们从另一位联合国发言人处得知，会议将优先考虑"餐饮服务中的有机食品"。这听起来很好，然而"有机的"牛在生产每磅牛肉时，甚至会产生比它们那些不那么被善待的同类更多的甲烷。

联合国自 1972 年就开始召开环境会议了。刚开始，这些活动关注于工业化、经济增长，以及它们对于环境的影响。到了 20 世纪 90 年代，关注点转移到了全球变暖的影响上。在 1992 年第一次里约会议中，包括美国在内的 154 个国家，承诺平抑温室气体排放水平并且防止气候系统的危险变化。

结果是他们惨败。从那时起，大气中温室气体的浓度上升至许多科学家认为已经非常危险的程度。许多气候专家指出，我们离无法转圜的境地只有不到二十年的时间了——从那之后，我们只能眼睁睁地看着气候变化积累成灾而无能为力。

没有人会真的相信"里约+20"峰会会带来一个限制温室气体排放的新协定。在这样的情况下，会议能够为气候所做的最好的事情，就是将肉食从菜单中移除——并且对于这件事情要大张旗鼓。会议上的每一个人都应该知道肉食是气候变化的一个主要影响因素，这也是能比其他问题更快得到解决的问题。断戒肉食是我们能够在未来二十年内采取的，比其他行动更能够协助对抗气候变化的措施。

联合国粮农组织2006年的一份名为《畜牧业的巨大阴影》（*Livestock's Long Shadow*）的报告把饲养食用动物称为“在从地方到全球所有范围内，最严重环境问题的前二三位最主要因素之一”。自那时起，气候研究者罗伯特·古德兰（Robert Goodland）和杰夫·安亨（Jeff Anhang）估算了归因于畜牧业及其富含甲烷的副产品的温室气体排放量，比之前报告估算的甚至要更多——高达51%。更保守的估算认为，肉食应当对1/3的温室气体排放负责。

如果联合国和所有参加“里约+20”峰会的国家代表以及活动者组织坚持将肉食从所有的自助餐、私人晚宴、大使馆招待会、午宴以及早餐会上剔除，人们可能会开始相信，联合国对于减少人类活动对地球造成的损害是认真对待的。但是，在这样一场以“绿色环保”为傲的，环保提倡者将要推进他们议程的会议上，讨论肉食似乎是一件事后的想法，或者可能甚至是一种禁忌。

当环境组织在为阻止全球变暖的危险进行运动时，很少听到知名领袖提议人们停止吃肉，甚至只是严肃地减少一些都没有。最近我们其中一位在参与联合国会议时，目睹了一位来自顶尖环境组织的演讲者，热情激昂地讲述了降低人口增长的必要性，而在其演讲之后的餐会上，他享用了几份红烩牛膝。当被问及高肉类摄入膳食不可持续的方面时，他毫不掩饰地说，他“永远不会放弃”他的肉食。

这就是问题的一部分。在发达国家，吃肉是优渥生活的一个标志。尽管其削弱了人们为减少贫困所做的努力，但是这种膳食也是发展中国家所渴望的。为了满足这样的需求，粮农组织预计，每年农场饲养的动物数量会在2050年从现在的600亿只翻倍至1 200亿只。除了全球变暖，这一增长会给谷物种植带来更大的压力，因为需要生产大量的谷物来饲养动物。《养活世界》（*Feeding the World*，目前本书无中文译本，标题为译者翻译）一书的作者，学者瓦茨拉夫·斯米尔（Vaclav Smil）已经计算过，让全球的每个人和现在生活在富裕世界的人们吃同样的食物是不可能的——农业用地需要比现在多67%。

2007年，一份来自政府间气候变化专门委员会（Intergovernmental Panel on Climate Change）的报告显示在未来几十年里，温室气体的持续高水平排放可能产生的一些后果：在拉丁美洲，7000万人会缺少足够的水源，并且许多农民将不得不抛弃传统作物，因为土壤盐碱化加剧；在非洲，2.5亿人会处在水源短缺的危险中，并且小麦作物会被消耗殆尽；在亚洲，1亿人会面临海平面上升带来的洪水。在 21 世纪末，海平面有可能上升 7—23 英寸①。岛屿和低洼国家可能就此消失。马尔代夫已经在存钱，希望在他们被淹没的时候能购买一块新的土地建立国家。

有明显证据显示，降低肉食的生产和消费会减少温室气体排放，并且可能规避上述悲剧的发生。但是，在几轮修改和几周的谈判后，“肉食”这个词并没有在里约会议的会议文件草稿中出现。相反，文件讨论了减少其他会造成全球变暖的产品的生产和消费，却并没有挑出其中的罪魁祸首。

全球气候领袖在“里约+20”峰会上会将许多紧迫的挑战拿到台面上。是时候将肉食从他们的盘子里拿走了。

来自《华盛顿邮报》，2012 年 6 月 15 日

①17.78—58.42 厘米。——译者注。

废黜煤炭的王位

今年[①]早些时候，大气中二氧化碳的浓度达到了 400ppm[②]。上一次我们的大气中有如此多的二氧化碳的时候，是在 3000 万年以前，那时的海平面比现在要高出 24 米。现在，海平面又开始上升了。去年 9 月，北极海面的冰雪覆盖率创历史新低。自 1880 年有全球记录以来最温暖的 10 个年份中，有 9 个出现在 21 世纪。

一些气候科学家相信，大气中 400 ppm 的二氧化碳已经足够将我们带过一个引爆点。过了这个引爆点，我们就会面临将几十亿人变成难民的气候大灾难。科学家说我们需要将大气中二氧化碳的含量降低到 350 ppm。这个数字是“350 组织”（“350.org”）名称的背后含义，这是一个由 188 个国家的志愿者组成的、试图解决全球变暖问题的草根运动组织。

另一些气候科学家较为乐观：他们认为，如果我们让大气中的二氧化碳含量上升至 450 ppm，这一水平会伴

①2013 年。——译者注。

②百万分率（part per million，ppm），即百万分之一，400 ppm 相当于 0.04%，400ppm 的浓度相当于 400mg/L。——译者注。

随着 2℃气温的上升，我们会有 66.6%的可能性避免大灾难。这仍然会有三分之一发生大灾难的可能性——比玩俄罗斯轮盘还要糟糕的概率。并且我们预计将在 2038 年超过 450 ppm。

有一件事情是明确的：如果我们还不是完全无视地球的气候，我们就不能烧掉我们已经探明的所有煤炭、石油和天然气。这些资源中的大概 80%——特别是煤炭，其在焚烧的时候会产生最多的二氧化碳，必须待在地底下。

6 月，美国总统巴拉克 · 奥巴马告诉乔治城大学（Georgetown University）的学生，他拒绝让他们以及他们的子孙在“一个无法挽救的星球”上生活。他说道，气候变化等不及国会去克服它的“党派壁垒”，并宣布使用其行政权力采取措施限制二氧化碳的排放，首先针对的是新的化石燃料发电站，随后是已经存在的化石燃料发电站。

奥巴马还号召停止为海外新的煤炭发电站项目进行公共融资，除非这些发电站部署了碳捕获技术（而这项技术在经济上并不可行）。或者是另一种特殊情况，他说：“对于最贫困的国家，没有其他可行的发电方式。”

哈佛大学环境中心主任、总统科学小组成员丹尼尔 · 施拉格（Daniel Schrag）曾在气候变化问题上为奥巴马出谋献策，他说：“政治上来说，白宫不愿承认他们正在进行一场关于煤炭的战争。而另一方面，一场关于煤炭的战争正是必需的。”

施拉格是对的。他的学校，像我和其他人的学校一样，有自己的减少温室气体排放的计划。但这些学校中的大多数，包括施拉格的学校和我的学校，却继续将他们数十亿美元捐款中的部分，投资到开采和出售煤炭的公司里。

然而，施加给教育机构停止投资化石燃料行业的压力正在增加。许多学校的学生组织已经成立，并且一些学院和高校已经承诺会停止对化石燃料行业的投资。一些美国城市，包括旧金山和西雅图，也同意效仿这些做法。

现在，金融机构也因他们参与化石燃料行业的事情而受到抨击。在六月，一群澳大利亚知名人士签署了一封致国家最大的几个银行的公开信，请他们停止对新的化石燃料开采项目发放贷款，以及倡导将他们所持有的涉及此类活动公司的股份出售，我就是其中的一员。

美国前副总统阿尔·戈尔今年早些时候在哈佛大学演讲的时候，夸赞了一个推动学校撤销其在化石燃料公司投资的学生组织，并且将他们的活动与 20 世纪 80 年代协助终结南非种族隔离政策的撤资运动做了对比。

这样的对比有多合理呢？分界线可能没有种族隔离政策那么明显，但是我们持续的高水平温室气体排放保护了一部分人的利益——主要是现在还活着的富裕人群，而将成本加在另外一些人身上。（和世界多数人口相比，在美国和澳大利亚，因工业倒闭而失去工作的煤炭矿工甚至都是富裕的。）我们的行为忽视了世界大多数的穷人，以及未来若干世纪里生活在这个星球上的每一个人。

在世界范围内，穷人的碳排放量非常少，但他们却承受了气候变化带来的大多数苦难。许多人生存在变得更加高温的炎热地区，其中上亿人是靠着降水来种植庄稼维生的农民。降水模式将会变得不同，亚洲季风会变得不那么规律。那些在未来若干世纪生活在这个星球上的人，会居住在更加炎热的世界上，海平面会更高，耕地会更少，以及极端飓风、干旱和洪水会更多。

在这些情况下，发展新的煤炭项目是不道德的，并且投资这些项目是和这些不道德的行为沆瀣一气的。这个命题，在某种程度上，适用于所有化石燃料。开始改变我们行为最好的办法就是减少煤炭的消费。用天然气取代煤炭确实会减少温室气体的排放，即便从长久来看，天然气本身并不是可持续的。当下，终止对于煤炭行业的投资，是我们要做的正确的事情。

来自报业辛迪加，2013 年 8 月 6 日

地球的命运和巴黎

本月底[①]，当世界各国领导人和政府谈判代表齐聚巴黎，参加联合国气候变化大会（the United Nations Climate Change Conference）时，未来几个世纪数十亿人的性命将到达一个生死存亡的关头。不计其数的动植物濒危物种的命运亦是悬而未决。

在 1992 年于里约热内卢召开的地球峰会上，包括美国、中国、印度以及所有欧洲国家在内的 189 个国家，签署了《联合国气候变化框架公约》（*UN Framework Convention on Climate Change*），并且就将温室气体排放稳定在一个“低水准以防止对气候系统的危险人为干扰”达成共识。

然而，到目前为止，这一稳定状态并没有达成。而且在没有这种稳定状态的情况下，气候反馈循环依然会在未来爆发温度上升。随着能够反射阳光的北极冰山的减少，海洋会吸收更多的热量。西伯利亚永冻层的解冻会释放大量甲烷。最终，我们星球上目前栖息着数十亿人口的广大地区，会变得无法居住。

---

①2015 年 11 月底。——译者注。

在更早些的时候，《联合国气候变化框架公约》的签署国试图就减排——至少在目前向大气中排放了多数温室气体的工业化国家之间，达成有法律约束力的共识。这一策略遭到了阻碍，其部分原因归结于在乔治·W·布什总统领导下的美国的不妥协，且当2009年的哥本哈根世界气候大会没能达成一项取代失效的《京都议定书》（美国从未签署该议定书）的条约时，这一策略被彻底抛弃了。取而代之，《哥本哈根协议》（*Copenhagen Accord*）仅要求各国自愿承诺减少一定数量的温室气体排放。

这些承诺现在到了兑现的时候。包括主要的排放国在内，有154个国家做出了此类承诺，但这些承诺远少于他们应当减排的量。为了理解承诺达成的结果和应当做到的结果之间的差异，我们应当回到所有人在里约会议中达成的共识的语言本身。

共识的用词在两个关键方面是模糊的。第一，“对气候系统的危险人为干扰”由什么构成？以及，第二，“防止”一词所假定的安全水平是什么？

第一处模棱两可的地方已经解释清楚了，定下来的目标是排放量要使得平均地表温度相对于前工业水平增加不超过2℃。许多科学家认为，即使更低的增量也是危险的。因为在目前仅有0.8℃温度升高的情况下，地球就已经经历了破纪录的高温，出现了更加极端的天气以及格陵兰冰盖的大量融化。格陵兰冰盖蕴含足够的水源，会导致海平面上升7米。在哥本哈根，小岛国（如果海平面继续升高，部分小岛国将不复存在）代表诉求的 1.5℃的目标被视而不见，根本上是因为世界领导者认为，实现这一目标的手段在政治上是不现实的。

第二处模棱两可依然存在着。伦敦经济学院格兰瑟姆研究所（The London School of Economics' Grantham Research Institute）分析了 154 个国家的所有提案，并且总结道，即便所有的提案都得到了实施，全球碳排放依然会从目前每年 500 亿吨的水平，在 2030 年达到 550—600 亿吨。但是，即使在只有 50%的概率可以保证温度上升在 2℃限制内的情况下，年碳排放依然需要减少到 360 亿吨。

澳大利亚的国家气候恢复中心（National Centre for Climate Restoration）的一份报告同样令人担忧。现如今大气中的温室气体排放水平已经意味着，即便我们从现在开始停止增加进一步的排放（这不可能发生），我们仍然有 10%的概率会超过 2℃。

想象一下，如果一家航空公司大幅削减其维保程序，其航班有 10%的概率无法安全完成其飞行，那么，这家公司就不能声称其已经阻止了危险飞机的飞行，而且即便其航班比其他航空公司要便宜很多，也很少会有消费者选择他们。同样，鉴于“对气候系统的危险人为干扰”会导致的灾难范围，我们不应该接受有 10%以及更高的概率超过 2℃。

替代的方案是什么呢？发展中国家会主张他们需要

廉价的能源，让他们的人民脱贫。这比富裕国家不再继续加剧能源浪费要更加重要——在这一点上发展中国家是对的。这就是为什么富裕国家应当尽快使自身的经济脱碳减排，并且至少要在2050年完成这一目标。他们可以从关闭最肮脏的能源生产——煤炭火力发电站，以及拒绝给新的煤矿开发授予执照开始。

另一个迅速有效的方式是鼓励更多的人吃素，可能的措施包括对肉类食品征税，并且使用税收收入资助一些更有利于可持续发展的替代食品。根据联合国粮农组织的报告，畜牧业是第二大温室气体排放的来源，超过了整个运输行业。这意味着一些相对于停止所有化石燃料的使用，对我们生活影响更小的方式，可以带来大量的排放量减少。实际上，根据近期世界卫生组织的报告，减少消费加工后的肉类以及红肉的食用对于减少癌症死亡也会有额外的益处。

这些提议可能听上去不切实际。但是，低于这一底线的行为，是对于现存及尚未出生的几十亿人的犯罪，也是对我们星球整个自然环境的犯罪。

来自报业辛迪加，2015年11月11日

后记：巴黎会议产生的结果，比我在写上面这篇文章时的预期更加鼓舞人心。在一些最受气候变化威胁的国家的坚持下，签署国承诺的协议文字坚持了全球温度上升应“远低于”2℃，甚至是“力求将气温升高限制在1.5℃之内”。更重要的是，所有的国家，包括发展中国家和发达国家，达成了一个共识，即所有国家都需要履行其在减少温室气体排放中的义务。如上所述，各方对协议做出的承诺对于达成目标来说还是不够的。但是，《巴黎协议》确有要求所有签署国每五年更新一次减排目标，并且会进行“全球盘点”，以显示世界是否在完成会议认同目标的正轨上。显然，第一次盘点定然会显示全球变暖可能会超过2℃。在这个点上，关键问题是签署国是否会承诺超出他们2015年目标的减排。

第十编：论科学与技术

从“金稻米”谈起

绿色和平组织（Greenpeace）是一个以领导抗议活动为特色的全球环境非政府组织。上个月，这个组织变成了一个“靶子”。

抗议者的一位发言人帕特里克·摩尔（Patrick Moore）——且他本人是一位绿色和平组织的早期成员，指控该组织是造成每年两百万儿童死亡的共犯。他提到的由缺乏维生素 A 引起的死亡，在以米饭为主食的儿童中非常常见。

摩尔声称，这些死亡本是可以被避免的，方法就是食用“金稻米”（“golden rice”），这种谷物经过转基因改造，较普通稻米含有更高的 β 胡萝卜素。而绿色和平组织和其他组织一起，反对转基因生物，且组织运动反对引入 β 胡萝卜素，β 胡萝卜素会在人体内转化成维生素 A。

摩尔的死亡率数据似乎有所偏高。但是毫无疑问的是，根据世界卫生组织的数据，儿童维生素 A 缺乏的严重性是毋庸置疑的，尤其是在部分非洲和东南亚地区。这一缺乏每年会导致 25 万—50 万名学龄前儿童失明，他们中差不多有半数在 12 个月内死亡。

这种缺乏也增加了像麻疹这种疾病的易感性。尽管由于疫苗的作用，麻疹对儿童的致死率已经降低了，但其仍然是导致幼儿死亡的一个重要原因。在一些国家，缺乏维生素 A 也是造成母亲在怀孕和生产期间死亡概率高的主要因素。

15 年前，瑞士科学家首次研发“金稻米”时，“金稻米”特别针对的是解决维生素 A 的缺乏问题，并且在 10 年前已经进行了首次田间试验。但是，农民仍然无法获得“金稻米”的种子。最初，需求来自要开发能够在有需要的地方茁壮成长的良种。为了满足控制转基因生物投放的严格管制，科学家们必须进行进一步的田间试验。当活动家们破坏了菲律宾正在进行试验的田地时，想要破除这一障碍的难度就更高了。

批评家们认为，“金稻米”是生物技术产业主导世界农业计划的一部分。然而，尽管农业巨头先正达（Syngenta）确实协助了开发转基因稻米，但先正达声明其并没有商业化转基因稻米的计划。低收入农民会保有他们的种子，并且在他们的收获中留存种子。

实际上，先正达有权将这些稻米转授权给一个叫作“金稻米人道主义委员会”（Golden Rice Humanitarian Board）的非营利机构。这个委员会有两个“金稻米”的共同发明人，有权出于人道主义用途将这些稻米提供给公共研究机构。而提供给发展中国家低收入农民，他们收取的费用只要不多于普通稻米种子即可。

在20世纪80年代转基因粮食首次被开发出来时，我们就有理由保持谨慎。这些食物食用起来安全吗？它们是否可以避免与野生植物异花授粉，从而将它们所有的特殊品质，例如抗虫害能力，传递给下一代，进而制造出新的“超级杂草”（superweeds）？在20世纪90年代，作为澳大利亚绿党的一位参议员候选人，我和许多其他人一样，主张制定强有力的法规，防止生物技术公司为了增加其自身利润，将我们的健康或者环境置于危险的境地。

转基因作物现在种植在全球十分之一的农田里，我们这些绿党人士担心的灾难性后果一个也没有发生。尽管事实上转基因食品受到比更“天然”的食品更严格的审查，但是没有可靠的科学证据证明转基因食品会导致疾病。（天然食品也会带来健康风险，最近的研究表明，一种受欢迎的肉桂会导致肝损伤。）

尽管在转基因作物和野生植物之间可以发生异花授粉，但是到目前为止，没有出现新的“超级杂草”。我们应该对此感到高兴，为回应环境组织关注的问题而制定的法规在这一结果中也许发挥了作用。

保护环境和消费者健康的法规应当存续下去。谨慎是合理的。但是，需要重新思考的是转基因生物的理念所遭到的全面反对。

任何一种创新都需要将风险与可能的收益进行权衡。

如果收益很小，可能甚至很小的风险都不能被容忍；如果收益足够大，也可能是值得去冒更大的风险的。

比如说，一种对除草剂草甘膦具有抗药性的转基因作物的出现（这让农民能更好地控制杂草生长），和一种抗旱且适合低收入干旱易发区种植的转基因作物的出现是存在不同的，法规应当对这样的不同有敏感性。同样，一种有可能防止五十万儿童失明的转基因作物，即便其确实有一些风险，也是值得去种植的。讽刺的是，抗草甘膦作物在数百万公顷的土地上进行了商业化种植，而“金稻米”（尚未证实其对人类健康或者环境构成任何风险）却仍然无法面世。

在一些环保人士看来，全面反对转基因生物就好像是在宣誓效忠——持不同意见者被视为与邪恶的生物技术产业勾结的叛徒。是时候超越这种狭隘的意识形态立场了。一些转基因生物可能在公共卫生方面发挥了有益的作用，而另一些则在气候变化时代对应对粮食种植的挑战发挥了作用。我们应当在个案基础上考虑到每一种转基因植物的优点。

来自报业辛迪加，2014 年 2 月 17 日

定制化的生命

16 世纪，炼金术士帕拉塞尔苏斯（Paracelsus）提出了一种创造生命体的方法，这个方法一开始要将精子注入腐烂的马粪（venter equinus）当中。这个词通常的翻译是“马粪”，但是拉丁词“venter”的意思是“腹部”和“子宫”。

因此，神秘主义者们现在肯定非常开心，因为一个科学家团队上个月宣布，他们创造了一种合成生命的形式，而克雷格·文特尔（Craig Venter）是其幕后推手。这种生命形式是一种细菌，其基因组是由实验室里的化学物质设计和创造的。

这种新型细菌，昵称叫作“辛西娅”（“Synthia”），能够复制并产生蛋白质。根据任何合理的定义，它都是一个活物。尽管这种细菌与一种天然细菌非常相似，它在很大程度上是复制这种天然细菌而来的，但是创造者们在它的基因组当中加入了独特的 DNA 序列，用以证明其不是一种天然物体。这些序列用代码拼出了网址、研究人员的名字，以及适合语境的名言，比如理查德·费曼（Richard Feynman）的“我无法构建我不理解的东西”。

近年来，合成生物学已经成为生物伦理学下的一个大问题。克雷格·文特尔研究所（J. Craig Venter Institute）的科学家们希望人们相信，他们正在“扮演上帝”。科学家们的这个希望并没有落空。是的，如果一个人相信生命是由上帝创造的，那么到目前为止，这样的行为就非常接近于人类“扮演上帝”了。

宾夕法尼亚大学知名生物伦理学家阿特·卡普兰（Art Caplan）说，这一成就应被列为具有历史意义的发现，因为其“似乎会让生命需要一种特殊动力或力量才能存在的观点消失”。当被问及该团队所做工作的重要性时，文特尔将其描述为“给我们看待生命的方式带来了巨大的哲学变化”。

其他人则指出，尽管团队制造出了一个合成基因组，但是他们将其放置到另外一种细菌的细胞中，取代了该细胞的 DNA。我们还没有完全用试剂瓶里的化学物质构建出过一个有生命的生物体，因此任何相信只有神才能给惰性物质注入“生命力量”的人，毫无疑问会继续相信这个观点。

文特尔说，在更加实际的层面上，团队的工作为重新设计生命提供了“一套非常强有力的工具”。由于这项研究是由文特尔作为共同创办人的合成基因组公司（Synthetic Genomics）资助的，该公司将拥有这项研究产生的知识产权，并已经申请了 13 项相关专利，文特尔因此一直受到批评。但是这项工作耗费了 20 位科学家 10 年的时间才得以完成，估计耗资 4000 万美元，商业投资者显然是这些资金的一个来源。

另一些人反对的要点在于，生物不应该被许可成为专利。但是这场斗争他们在 1980 年就失败了。当时美国最高法院判决，一种用于清理漏油的转基因微生物可以申请专利。（显然，考虑到英国石油公司在墨西哥湾漏油事件造成的损害，对这种特殊的生物体仍然有一些工作要做。）

1984 年，为生物申请专利的事项又向前迈进了一步，当时哈佛大学成功地为其肿瘤鼠（oncomouse）申请了一项专利。肿瘤鼠是一种实验室老鼠，专门设计成了易得癌症的体质，因此它作为研究工具更加的有用。反对将有知觉的生物变成有专利的实验室工具是有充分理由的。但是要理解为什么专利法不应该涵盖新设计出的细菌和藻类，就不是那么容易了，因为它们无法感知任何事物，而且也可能和任何其他发明一样有用。

的确，“辛西娅”的存在本身就挑战了生命体和人造生命体之间的区别。而这也正是反对“为生物申请专利”的主要理由。指出这一点的目的并不在于认可授予全面专利，但全面反对它会阻止其他科学家在这个重要的新领域做出自己的创新。

至于合成细菌可能的用途，“辛西娅”的诞生不得不与世界上有史以来最严重的石油泄漏新闻竞争头条，这一事实比任何公关手段都更有效地说明了这个问题。有一天，我们或许能够设计出一种细菌，能够快速、安全及有效地清理漏油。并且，根据文特尔的说法，如果他团队的新技术去年就已经面世，人们就有可能在 24 小时内而不是在几周之内，生产出一种疫苗来保护我们免受甲型 H1N1 流感的侵扰。

然而，文特尔提出最令人激动的前景是一种藻类，它可以吸收大气中的二氧化碳，并被用以制造柴油或汽油燃料。合成基因公司与埃克森美孚公司（Exxon Mobil）签署了一项 6 亿美元的协议，内容是从藻类中获取燃料。

显然，任何合成生物的出现都必须像任何转基因生物的出现一样受到严格的控制。但是我们必须对任何风险与我们面临的其他严重威胁进行权衡。例如，国际气候变化谈判似乎已经陷入了某种僵局，尽管科学证据继续表明，全球变暖是真实存在的，并将危及几十亿人的生命，但是公众对于全球变暖的怀疑度仍然正在增加。

在这样的情况下，似乎合成生物学可能带来的让我们避免迫在眉睫的环境灾难的希望，压倒了其毋庸置疑的真实存在的风险。

来自报业辛迪加，2010 年 6 月 11 日

机器人的权利？

【合作作者：阿加塔·萨根（Agata Sagan）】

上个月①，壁虎系统（Gecko Systems）宣称，其“完全自主的个人伴侣家庭护理机器人”，也即“看护机器人”（“carebot”），已经在测试当中了。这种机器人旨在帮助老年人和残疾人独立生活。据该公司报道，当机器人询问：“你想要一碗冰激凌吗？”一名患有短期失忆的女性露出了大大的微笑。这位女性随即回答：“是。”剩下来的工作就交给机器人去做了。

机器人已经可以实现许多功能了，从制造汽车到拆除炸弹，或者更危险的事情，比如发射导弹。儿童和成人都可以和玩具机器人一起玩耍，而吸尘机器人正在越来越多的家庭中吸尘以及——就像油管上的视频里显示出的那样，和猫咪一起玩。现在甚至还有机器人世界杯（Robot World Cup）。不过，从去年夏天在奥地利格拉茨举办的比赛标准来看，足球运动员现在还没有必要有威胁感。（当然，国际象棋则另当别论。）

大多数家用机器人在设计上都是功能性的，如壁虎

①2009 年 11 月。——译者注。

系统的家庭护理机器人看起来很像是《星球大战》（*Star Wars*）中的机器人 R2-D2。本田（Honda）和索尼（Sony）正在设计的机器人，看起来更像同一部电影中的“人形机器人”C-3PO。不过，已经有一些机器人拥有柔软、灵活的肢体，类似人类的面孔和表情，能够执行大量的动作指令。汉森机器人公司（Hanson Robotics）有一个名叫阿尔伯特（Albert）的演示模型，其面部与阿尔伯特·爱因斯坦（Albert Einstein）惊人相似。

我们很快就会习惯家里有人形机器人吗？谢菲尔德大学（The University of Sheffield）人工智能和机器人学教授诺埃尔·夏基（Noel Sharkey）预测，忙碌的家长将会开始雇用机器人作为照顾孩子的保姆。他提出了一个问题，与一台无法表达真正的同理心、理解和同情的机器长期共处，会对孩子产生怎样的影响呢？有人可能会问，为什么我们要开发这些高耗能机器人，却让它们只应用在几个即便是受教育程度不高的人也可以胜任的工作领域——照顾老人和儿童？

大卫·李维（David Levy）在其著作《与机器人的爱与性》（*Love and Sex with Robots*）一书中更进一步。他认为，我们会爱上温暖、可爱的机器人，甚至会与它们发生性关系。（如果机器人有多个性伴侣，只要把相关部位取出，扔进消毒剂中，然后，好啦，就不会有传播性病的风险了！）但是性爱机器人的出现，对已婚家庭会有什么影响呢？如果我们的另一半开始花过多的时间和一个不知疲倦的机器人爱人在一起，我们又会有什么样的感受呢？

小说和电影当中会经常出现一个更加不祥的问题：我们是否不得不保护我们的文明，使其不受我们自己所创造的机器人的侵害？有些人认为，发展超人类的人工智能是不可避免的，并且预言其出现不会晚于2070年。他们将这一时刻称为奇点（singularity），并视其为改变世界的事件。

人工智能奇点研究所（Singularity Institute for Artificial Intelligence）的创始人之一，埃利泽·尤德科斯基（Eliezer Yudkowsky）相信，随着超级智能机器设计出来更加智能的机器，且每一代都在重复这个过程，奇点将会导致“智能爆炸”。更为谨慎的人工智能发展协会（Association for the Advancement of Artificial Intelligence）成立了一个特别小组，用以研究其所谓的“人类可能失去的对基于计算机的智能的控制”。

如果这种情况真的发生了，那么对于人类文明的未来至关重要的问题就是：超级智能计算机是否是友好的？已经到了开始考虑采取什么样的措施，去防止我们自己的创造物对我们自己产生敌意的时候吗？

目前，更加现实的担忧并不是机器人会伤害我们，而是我们会伤害它们。当下，机器人只是一种财产。但是，如果它们变得足够复杂，复杂到足以产生情感的话该怎么办呢？毕竟，人脑不正是一台非常复杂的机器吗？

如果机器能够并且确实变得有意识了，我们会考虑它们的感受吗？迄今为止，我们与所遇到的唯一非人类且有感知能力的生物——动物之间关系的历史，并没有给我们任何理由去相信，我们会认为有感知能力的机器人不仅是财产，而是有道德地位且值得去考虑其利益的存在。

认知科学家史蒂夫·托兰斯（Steve Torrance）指出，像汽车、电脑和手机这样功能强大的新技术，往往会以失控的方式迅速传播。因此，开发一个没有被广泛接纳为我们道德群体成员的有意识的机器人（是一个“人”？），可能会导致大规模虐待机器人的结果。

当然，困难的问题在于，我们如何才能知道机器人是真的有意识，而不仅仅是为了模仿意识而进行的设计。了解机器人的程序是如何编译的，将会提供一个线索——设计人员编写的代码只是提供了一个有意识的表象吗？如果是这样的，我们没有理由相信机器人是有意识的。

但是如果这个机器人被设计成具有类似人类的能力，且可能会偶尔产生意识，我们就有很好的理由认为其是有意识的。到那时，机器人权利运动将真正开始。

来自报业辛迪加，2009 年 12 月 14 日

数码时代的梦想

五十年前，马丁·路德·金（Martin Luther King）曾梦想有一天，美国能够实现无论是黑人还是白人，所有公民都平等的承诺。今天，脸书的创始人马克·扎克伯格（Mark Zuckerberg）也有一个梦想：他希望为世界上五十亿不能使用互联网的人提供互联网接入。

扎克伯格的愿景听起来可能像是为了吸引更多的脸书用户而进行的自我贴金。但是，当今世界的确正面临着一个日益扩大的技术鸿沟，其对人们平等、自由和追求幸福的权利的影响，不亚于马丁·路德·金所宣扬的种族鸿沟。

全世界范围内，有超过二十亿人生活在数字时代。他们可以接触到大量的信息，只用很少或者没有任何成本就能与朋友和家人进行交流，或与其他可以以新方式合作的人进行联系。但另外五十亿人仍然停留在我们这一代人成长的纸张时代。

在纸张时代，如果你想要知道一些东西，但是又没有一本昂贵的百科全书（或者你的百科全书已经不是最新的了，不能告诉你你想要知道的东西），你就不得不去图书馆，花费几个小时去寻找你所需要的东西。想要联系海外的朋友或同事，你只能给他们写信，并且等待至少两周才能得到回复。国际电话费用高得让人望而却步，而当你和某人交谈的时候能看到对方的这种想法只有在科幻小说里才会出现。

由扎克伯格在上个月发起的全球免费上网计划（Internet.org），计划将全球三分之二没有互联网接入的人口带入数字时代。这一合作项目由七家主要的信息技术公司、非营利组织以及当地社区组成。这个项目明确了不能让人们在购买食物和购买数据之间做选择这一关键点，他们将寻求新的、更便宜的连接计算机的方法，更加高效的数据软件以及新的商业模式。

微软的创始人比尔·盖茨表示，接入互联网并不是最贫困国家的首要任务。他说，解决腹泻和疟疾等问题更加重要。对于盖茨为了减少这些疾病造成的死亡人数的努力，特别是这些疾病主要影响的是世界上最贫困的人，我表示赞赏。但是，奇怪的是，他的立场似乎缺少对于互联网如何改变赤贫人口生活的宏观认知。举个例子，如果农民可以使用互联网了解关于种植有利条件更准确的预测方式，或者为其产品获得更高的价格，他们就更能够负担得起较好的卫生条件，他们的孩子就不会罹患腹泻，并且可以用蚊帐使自己和家人免于疟疾。

一位为肯尼亚贫困人口提供计划生育建议的朋友最近告诉我，前来诊所的女性太多了，以至于她每次看诊都不能超过五分钟。这些女性只有一个获取建议的来源，一个获得建议的机会，但是如果她们能够接入互联网，她们就能够在任何想要获得信息的时候获取它们。

此外，在线咨询也成为一种可行方案，女性不必前往诊所去问诊。互联网接入还能够克服文盲问题，依托许多农村文化中根深蒂固的口头交流传统，让社区创建自助小组，并使村庄与村庄之间的同龄人分享他们的问题。

计划生育适用的范围很广，尤其是包含同性恋和家庭暴力等难以启齿的话题时。互联网帮助人们意识到他们并不孤单，并且也让他们可以学习到他人的经验。

将我们的视野进一步放宽，让世界上的穷人在网上发声，将他们与更加富有的人们联系起来，从而给他们带来更多的援助，这并不是什么荒谬的事情。研究表明，如果有人给人们一张照片，并告诉他们慈善机构正在帮助的女孩的名字和年龄，他们更有可能向帮助饥饿人口的慈善机构捐款。如果一张照片和一些可辨识的细节就能做到这一点，那么有机会视频聊天的话又会发生什么呢？

提供全球互联网接入是一项规模类似于人类基因组测序工程的项目。而与人类基因组项目（Human Genome Project）一样，它将带来新的风险以及敏感的伦理问题。网络骗子将有机会接触到新的，或许更加容易上当受骗的受众。侵犯版权的行为将比现在更加普遍。（尽管这对于版权所有者来说没有什么损失，因为穷人不太可能买到书籍或者其他受到版权保护的材料。）

此外，地方文化的独特性可能会受到侵蚀。不过这既有好的一面，也有坏的一面，因为这种地方文化可能会限制自由，剥夺平等机会。尽管如此，从整体上来看，我们有理由期望，让穷人获得知识，以及有机会与任何地方的人建立联系，将会以一种非常积极的方式实现社会变革。

来自报业辛迪加，2013 年 9 月 9 日

全球图书馆

学者们长期以来都有建立一个全球图书馆的梦想。这个图书馆中包含了所有曾经被书写的东西。随后，在2004年，谷歌宣布将开始对五大研究型图书馆的所有藏书进行数字化扫描。倏忽之间，乌托邦式的图书馆似乎触手可及。

实际上，一个数字化的全球图书馆将会比任何早先的思想家所想象的都更好，因为每一件作品都将在任何时间、任何地点对每个人开放。而且，图书馆不仅可以囊括书籍和文章，还可以包括绘画、音乐、电影，以及所有其他可以以数字形式捕捉到的创造性表达。

但是谷歌的计划有一个缺陷。这些研究型图书馆持有的大部分作品仍受版权保护。谷歌表示，它将对整本书进行扫描，不管它的版权状况如何，但是当用户在受版权保护的书籍中检索某些内容时，他就只能看到一小段内容。谷歌认为，这属于“合理使用”，因此在版权法下是允许的，就像人们可以出于评论和讨论的目的引用一本书中的一两句话一样。

出版商和作者并不同意这个说法。一些人起诉谷歌侵犯版权，并最终同意就他们的诉求进行和解，交换条件就是谷歌收入的分成。上个月，在曼哈顿的法院里，法官陈卓光（Denny Chin）否决了这一和解提议，部分原因在于这将赋予谷歌对所谓“孤本”的数字版本事实上的垄断地位——“孤本”意味着仍然有版权，但已经不再印刷的书籍，其版权归属很难确定。

陈法官认为，美国国会，而不是法院，是决定将孤本的保管权应当以什么条件、交付给谁的合适机构。无疑他是对的，至少我们在考虑美国法域内的事务时是这样的。这些都是重大且重要的问题，不仅影响作者、出版商和谷歌，而且影响到任何对知识和文化的传播及可用性感兴趣的人。因此，尽管陈法官的决定对于通向全球图书馆的道路来说是一个暂时的挫折，但它提供了一个重新思考如何更好实现这个梦想的机会。

核心问题是：我们如何在保护作品创作者权利的同时，让书籍和文章——不仅仅是一小段，而是全部对所有人可得？当然，要回答这个问题，我们需要确定这些权利是什么。正如授予发明者专利，使发明者在有限的时间内从自己的发明中获利一样，最初授予作者版权的时间也相对较短——在美国，版权保护年限最初只有自作品首次出版日起 14 年。

对于多数作者来说，这段时间足够他们从写作中获取大部分收入了；之后，这些作品将进入公共领域。但是，公司依靠版权获得财富，并一再敦促国会延长版权期限，以至于在美国，版权保护在创作者去世后还能够持续70年。[1998年通过了最后一次延长版权保护期的法律，其昵称为《米老鼠保护法》（*Mickey Mouse Protection Act*），因为其允许华特迪士尼公司（Walt Disney Company）保留其著名卡通人物的版权。]

正因为版权保护时间太长，以至于图书馆里多达四分之三的图书都成了“孤本”。这种知识、文化和文学成就的巨型馆藏是大多数人无法获得的。将其数字化，就能够让任何可以上网的人获取到。正如加利福尼亚数字图书馆（California Digital Library）的技术总监彼得·布兰特利（Peter Brantley）所说的那样：“从道义上来讲，我们有必要将手伸到图书馆的书架上，拿起那些孤本资料，将其放到扫描仪上。”

哈佛大学图书馆馆长罗伯特·达恩顿（Robert Darnton）提出了一个替代谷歌计划的方案：建立一个数字公共图书馆，其由一个基金会联盟资助，与一个研究型图书馆联盟合作。达恩顿的计划与建立一个全球图书馆相去甚远，因为印刷中的作品和受版权保护的作品将被排除在外；但他认为，国会可能会将孤本书籍数字化的权利授予一家非商业的公共图书馆。

这将是朝着正确方向前进的一大步，但是我们不应当放弃建立一个全球数字公共图书馆的梦想。毕竟仍在印刷的书籍可能是包含最新信息的书籍，也是人们最想阅读的书籍。

许多欧洲国家，以及澳大利亚、加拿大、以色列和新西兰，都通过立法确立了公共借阅权①——也就是说，政府也承认，让数百人阅读一本书的确是一种公益，但这样做也可能会减少该书的销量。全球公共图书馆甚至可以将印刷中和在版权保护中的作品数字化，作为交换，其会根据数字版本的阅读次数，向出版商和作者支付一定的费用。

如果我们能把一个人送上月球，并对人类基因组进行测序，我们应该能够设计出一个类似于全球数字公共图书馆那样的东西。到那时，我们将会面临另一个道德上的紧迫事宜，而这个事项甚至更加难以实现：目前世界人口只有不到 30%实现了互联网接入，而我们要让互联网接入扩展到更大的范围内。

来自报业辛迪加，2011 年 4 月 13 日

①公共借阅权是指作者按公共图书馆出借书籍的量收取版税的权利。——译者注。

不相信科学的悲剧性代价

在塔博·姆贝基（Thabo Mbeki）担任南非总统的整个任期内，他拒绝接受以下科学共识，即艾滋病是由艾滋病毒 HIV 引起的，以及抗逆转录病毒药物可以挽救艾滋病毒检测呈阳性的人的生命。相反，他接受了一小群持不同意见的科学家的观点，这些科学家认为艾滋病是由其他原因引起的。

即使反对姆贝基的证据越来越多，他仍然顽固地坚守这一立场。当有人——甚至这个人是南非首位黑人总统、英勇反抗种族隔离的斗士纳尔逊·曼德拉（Nelson Mandela）公开质疑姆贝基的观点时，姆贝基的支持者也给了曼德拉猛烈的抨击。

当南非的邻国博茨瓦纳和纳米比亚向其大多数感染艾滋病毒的公民提供抗逆转录病毒药物时，姆贝基领导下的南非并没有这样去做。哈佛大学的一个研究团队现在已经调查了这项政策的后果。根据保守的假设，据估计，如果南非政府向艾滋病患者和有传染婴儿风险的孕妇提供适当的药物，将能防止 365 000 人过早死亡。

这个数字表明，拒绝和忽视科学，可能会产生惊人的成本。这一后果大致相当于达尔富尔（Darfur）大屠杀造成的死亡人数，并且接近 1994 年发生在卢旺达的针对图西人的大屠杀造成的死亡人数的一半。

世界舆论反对南非种族隔离制度的关键事件之一是 1961 年的沙佩维尔（Sharpeville）惨案。在该事件中，警察向一群黑人抗议者开枪，造成 69 人死亡及更多的人受伤。姆贝基和曼德拉一样，积极参与了反对种族隔离的斗争。但是，哈佛大学的研究表明，他造成的南非黑人死亡人数是在沙佩维尔向人群开枪的南非白人警察的 5000 倍。

我们该如何评价这样一个人呢？

出于为姆贝基辩护的角度，可以说他无意杀害任何人。他似乎是真的相信——也许依然相信抗逆转录病毒药物是有毒的。

我们也可以承认，姆贝基的所作所为，并非出于对艾滋病患者的恶意。他无意伤害这些患者。因此，我们应该从不同的角度来判断他的性格，而不是和对待那些无论是出于仇恨还是自己的利益而有意伤害他人的人一样。

但是仅仅有良好的意愿是不够的，尤其当风险如此之高的时候。姆贝基应该受到谴责。不是因为他最初持有少数科学家的观点，而是因为他坚持这一观点，且没有让专家们在公平公开的辩论中对这个观点进行检验。当南非著名黑人免疫学家马莱加普鲁·马科巴

(Malegapuru Makgoba) 教授警告称，南非实行总统的政策将使南非成为科学界的笑柄时，姆贝基政府指责他为西方种族主义思想辩护。

自九月份①姆贝基被赶下台以来，南非卡莱马·莫特兰蒂（Kgalema Motlanthe）新政府迅速采取行动，采取了有效措施对抗艾滋病。姆贝基的卫生部长迅速被解雇，他曾因提出用大蒜、柠檬汁和甜菜根就能治愈艾滋病而臭名昭著。可悲的是，南非占主导地位的政党，非洲国民大会（African National Congress）一直支持姆贝基，以至于他未能在多年前被罢黜。

这个故事的教训适用于任何在制定公共政策时忽视科学的情况。但这并不意味着大多数科学家总是正确的，科学史清晰地展现了一些相反的情况。科学家也是人，也可能会犯错。和其他人一样，他们也会受到从众心理的影响，害怕被边缘化，尤其是在生命危在旦夕的时候。错误的做法不是不同意科学家的观点，而是拒绝把科学作为一种探究方法。

姆贝基一定知道，如果他关于艾滋病病因和抗逆转录病毒药物疗效的非正统观点是错误的，他的政策将导致大量不必要的死亡。这种认识将他置于最强的义务之下，要让所有证据都在没有恐吓和偏袒的情况下，得到公正的呈现和审查。但由于他没能这样做，姆贝基无法推脱导致数十万人死亡的责任。

---

①2008 年 9 月。——译者注。

无论我们作为个人、企业领导人还是政府领导人，在许多领域，如果不评估大量的科学证据，我们就不知道我们应该做什么。我们承担的责任越多，做出错误决定导致的后果就可能越悲惨。实际上，当我们考虑人类活动引起气候变化的可能后果时，由于错误决定而可能丧生的人数，会让在南非死亡的人数相形见绌。

来自报业辛迪加，2008 年 12 月 15 日

第十一编：论生活、娱乐和工作

如何坚持新年计划？

你会制定新年计划吗？可能你的计划是塑形、减重、省钱或者是少喝酒。或者你可能有更无私的计划：帮助那些需要帮助的人，或者减少你的碳足迹。但是，你能坚持执行你的新年计划吗？

我们还没有进入 2010 年。但是研究表明，在制定新年计划的人中，只有不到一半的人能坚持一个月。这告诉了我们关于人性，以及我们审慎并合乎道德地生活的哪些道理呢？

当然，部分问题在于，我们定下的计划是那些我们不太可能去做的事情。只有厌食症患者才会计划每周至少吃一次冰激凌，而且只有工作狂才会计划花更多的时间看电视。我们想要利用新年这个契机来改变那些最难改变的行为，这就让计划失败有了非常大的可能性。

然而，我们之所以制定计划，大概是因为我们已经决定，无论如何我们都要去执行。但如果我们已经做了决定，为什么不直接去做呢？自苏格拉底开始，这个问题就一直困扰着哲学家。

在柏拉图的对话录之一《普罗泰戈拉》（*Protagoras*）

中，苏格拉底说，没有人会选择做他们所知道的坏事。因此，选择做坏事是一种错误：人们只有在认为一件事情是好事时才会去做。苏格拉底和柏拉图似乎认为，如果我们能够教人们什么是最好的，他们就自然会去做。但这是一个很难接受的原则，比吃下你知道对你没有好处的一块蛋糕更加难以接受。

亚里士多德则持不同的观点，他的观点更符合我们的日常经验，即我们未能做到我们认为的最好的事情。他认为，我们的理性可能会告诉我们什么是最好的，但是在特定的时刻，我们的理性可能会为情感或欲望所压制。因此，问题不在于缺乏知识，而是在于我们的理性未能够掌握我们本性中其他非理性的方面。

这一观点得到了近期科学研究的支持，研究表明，我们的许多行为都基于非常迅速的、本能的和情感上的反应。尽管我们能够根据理性的思维过程来决定该做什么，但是，在促使我们采取行动的过程中，这样的决定往往不如我们本能的感觉那么有力量。

这和坚持执行计划有什么关系呢？麻省理工学院哲学教授，《意愿，需要，等待》（*Willing*，*Wanting*，*Waiting*，目前本书无中文译本，标题为译者翻译）一书的作者，理查德·霍顿（Richard Holton）指出，当我们预期在未来的某个时候，我们将面临与自己意向相反的倾向时，计划是克服保持该意向时所面对的困难的一种尝试。比如，现在，我们想要减肥，并且我们的理性相信这比我们从一块蛋糕中获得的快乐更加重要；但是我们预测，第二天面对蛋糕时，我们对那种浓郁巧克力质地的渴望，会扭曲我们的理性，于是我们可能会说服自己，增加一点点体重其实没什么大不了。

为了防止这种情况的发生，我们要为我们现在减肥的意向寻找支持。例如，通过制定一个庄重的计划，并把这件事情告诉我们的家人和亲密的朋友，会使我们倾向于不屈从于诱惑。如果我们不能坚持计划，我们将不得不承认，我们对自己行为的控制比我们希望的要少，因此在我们自己和我们关注的其他人的眼中，就失去了面子。

这与心理学家关于如何提高坚持计划概率的发现非常吻合。赫特福德大学（University of Hertfordshire）的心理学教授理查德·怀斯曼（Richard Wiseman）跟踪调查了 5000 名制定新年计划的人，只有十分之一的人能够坚持自己的计划。在其最近出版的《59 秒》（*59 Seconds*）一书中，怀斯曼列出了让你更有可能成功的方法：

> 将你的计划分解成一系列的小步骤；
>
> 将你的计划告诉你的家人和朋友，这样既能获得支持，又能增加计划失败的个人代价；
>
> 经常提醒自己实现目标的好处；
>
> 每完成一个目标步骤时，给自己一个小小的奖励；

持续记录下你朝着目标前进的过程，比如写日记或者在冰箱门上贴一张表。

单独来看，这些因素似乎都微不足道。总体上来看，它们不仅仅是现在，也是将来发挥我们自控力的方式。如果我们成功了，我们所认为的更好的行为将成为习惯——并且不再需要用有意识的意志活动去保持这样的行为。

这些坚持新年计划的方法可以帮助我们取得进步，不仅仅是在减肥或者是还清债务方面，而且在于更合乎道德的生活方面。我们甚至可能发现，为了我们自己和他人的利益，这是一个最好的计划。

来自报业辛迪加，2010 年 1 月 4 日

为什么要支付更多？

据报道，当波兰外交部长拉多斯瓦夫·西科尔斯基（Radoslaw Sikorski）上个月①前往乌克兰进行谈判时，乌克兰方官员嘲笑了他，因为他戴着一块日本石英表，仅价值 165 美元。一家乌克兰报纸报道了乌克兰部长们的偏好。其中几位佩戴的手表价格都超过30 000美元。就连一位议会的共产党成员佩戴的手表零售价也超过了 6000 美元。

他们把这种嘲笑方向搞反了。难道你不会嘲笑（也许是在私下里，以免失礼）那些付的钱是你的 200 倍，最后却只得到了劣质产品的人吗？这正是乌克兰人所做的事情。他们本可以买一块精确、轻便、免维护的石英表。它可以使用 5 年，几乎可以完美报时，且不需要移动或上发条。相反，他们花了更多的钱买了更加笨重的手表，这些手表每个月都可能会少走几分钟。如果你有一两天忘了给它们上发条，它们就会彻底停了（如果它们有自动装置，那么你不移动它们，它们就会停下来）。此外，石英表还集中了闹钟、秒表和计时器等功能，其

①2013 年 4 月。——译者注。

他手表要么没有这些功能，要么只是为了在竞争中具有优势，而做出的既破坏设计又很难读表的试验品。

为什么会有聪明的购物者接受如此糟糕的价格呢？可能，是出于怀旧？在百达翡丽（Patek Philippe）的一则整版广告中，公司总裁泰瑞·斯登（Thierry Stern）说道，他像他的父亲和祖父当年在他面前所做一样，拿着自己公司生产的分钟报时器来听每只表的报时。这一切都很好，但在斯登先生祖父的时代，我们在精准报时方面就已经取得了进步。那么为什么要拒绝人类智慧所带来的进步呢？我有一支属于我祖母的旧钢笔，并且这对她来说是很美好的纪念，但是我从来没有想过用它来写这篇专栏。

托斯丹·范伯伦（Thorstein Veblen）知道其中的答案。在他 1899 年出版的经典著作《有闲阶级论》（*Theory of the Leisure Class*）中，他提出，一旦社会地位的基础变成了财富本身——而不是所谓智慧、知识、道德情操或者战斗技能，富人就需要找到一种花钱的方式，这种方式除了显示财富本身没有任何其他目的。他把这种现象称为炫耀性消费。尽管他让读者明确地看出了他对此类支出的态度，且当时许多人生活在贫困之中，但凡勃伦是以社会科学家的身份进行写作的，要避免做出道德判断。

在一个仍然有相当大一部分人口生活在真正贫困之中的国家，由纳税人出钱，让担任公职的人佩戴一块贵得离谱的手表来宣告自己社会地位提高了，这看起来尤其糟糕。这些官员手腕上佩戴的物品，相当于乌克兰人四到五年的平均总工资。这表达出来的意思，要么是“你们这些贫穷蒙昧的纳税人给了我太多的钱”，要么就是“尽管我的官方工资无法让我买得起这块表，但是我有其他办法买到这么贵的表”。

据《国际先驱论坛报》（*International Herald Tribune*）报道，北京反腐运动的一个方面就是取缔贵重礼品。因此，开普勒资本市场（Kepler Capital Markets）的分析师乔恩·考克斯（Jon Cox）表示，“在手腕上戴一块又大又厚的手表已经不再被接受了”。中国贵价名表市场正在急剧下滑。请乌克兰人注意。

即使佩戴手表的人不是一个贫穷国家的统治者，但是他佩戴一块价格是计时性能更好的手表200倍的手表，也说明了另外一个问题。凡勃伦时代最富有的人安德鲁·卡内基（Andrew Carnegie）在他的道德判断上直言不讳。人们经常引用他的话：“富有地死去的人，死得可耻。”这种判断同样适用于那些人——他们佩戴价值30 000美元的手表，或者购买类似奢侈品，比如价值12 000美元的手包。本质上来讲，这些人是在说：“我要么非常无知，要么只是非常自私。如果我不无知，我就会知道，孩子们之所以死于痢疾或者疟疾，是因为他们没有安全的饮用水，也没有蚊帐。并且显然，我花在这块手表或这个手包上的钱足以帮助他们中的一些人活下来；但是我对他们几乎没有关心，所以我宁愿把钱花在我只为了炫耀而穿的衣服上。”

当然，我们都有自己的小嗜好。我并不是说所有的奢侈品都是错的。但是嘲笑别人以合理的价格拥有一块朴实而有用的手表，会给他人带来压力，迫使他们加入这场越来越奢侈的竞赛。这种压力应该转向相反的方向，我们应该赞美那些谦虚低调，相较于炫耀性消费有更高追求的人。

来自报业辛迪加，2013年5月9日

后记：2014年2月，乌克兰总统维克托·亚努科维奇（Viktor Yanukovych）及其亲信在抗议活动中下台，其中一个关键问题就是乌克兰部长们手腕上佩戴的象征腐败的昂贵手表。西科尔斯基笑到了最后。

虎妈还是象妈？

多年前，我们夫妻二人带着三个年幼的女儿驾车外出。在回来的路上，其中一个女儿问道："你是希望我们聪明呢，还是希望我们快乐呢？"

上个月①，我读到蔡美儿（Amy Chua）发表在《华尔街日报》（*Wall Street Journal*）的文章时，我又想到了上述的那个瞬间。她的文章名叫《中国妈妈为什么牛》（"Why Chinese Mothers Are Superior"）。这篇文章在《华尔街日报》网站（wsj.com）上收到了4000多条评论，在脸书上收到了超过10万条评论。这篇文章是蔡美儿的新书《虎妈战歌》（*Battle Hymn of the Tiger Mother*）的宣传文章。该书立时成为畅销书。

蔡美儿的论点是，与美国人相比，中国孩子更容易成功，因为他们有"虎妈"。而西方妈妈则是"小猫"，甚至有的还不如小猫。蔡美儿不允许女儿索菲亚（Sophia）和路易丝（Louise）看电视、玩电脑游戏、在朋友家过夜，也不允许她们参加学校演出。她们不得不每天花几个小时练习钢琴或小提琴。而且她们每门课程

①2011年1月。——译者注。

都要名列前茅，但这些课程中不包括体育课和戏剧课。

蔡美儿说，中国的妈妈们认为，一旦孩子过了蹒跚学步的阶段，就应该在他们没有达到父母期望的高标准时，明确地告诉他们。（蔡美儿说，她知道韩国、印度、牙买加、爱尔兰和加纳的妈妈使用“中式”教育法，也知道一些华裔妈妈不采取这种方式。）他们应该有足够的自尊心去接受这些批评。

蔡美儿是一名耶鲁法学院的教授（她丈夫也是），但是在她所生活的文化里，人们认为孩子的自尊是非常脆弱的，以至于儿童运动队把“最佳队员”奖颁给每一个成员。所以许多美国人对她的育儿方式感到恐惧也就不足为奇了。

评价虎妈育儿法的一个问题在于，我们无法忽略父母传给子女的基因对孩子的影响。如果你想让你的孩子在班上名列前茅，那么如果你和你的伴侣有足够的头脑成为精英大学的教授，这无疑是有益的。不管虎妈们怎么努力，也不是每个学生都能得第一（当然，除非我们让每一个人都成为“全班第一”）。

虎妈教育的目的是让孩子们最大程度地发挥他们的能力，因此这些父母在“聪明或快乐”的选择题中，似乎倾向于选择“聪明”。这也是柳明（Betty Ming Liu，音译）的观点，她在博客上回应了蔡美儿的文章：“像蔡美儿这样的家长是像我这样的亚裔美国人接受心理治疗的原因。”

加州大学戴维斯分校（University of California，Davis）的心理学教授斯坦利·苏（Stanley Sue）研究过自杀。自杀在亚裔美国女性中尤其普遍（在其他种族中，自杀的男性比女性多）。他认为家庭压力是一个重要因素。

而蔡美儿会回答说，达到高水平的成就会带来极大的满足感，而唯一的方法就是努力工作。可能她说得对，但是这难道不是因为孩子的内在价值感驱动他们去做事，而非因为恐惧于父母的否定吗？

在某种程度上，我同意蔡美儿的观点：不愿告诉孩子们该做什么可能太过了。我的一个已经有了自己孩子的女儿，给我讲述了她朋友令人惊奇的育儿方式。其中一个朋友让她的女儿从三所不同的幼儿园辍学，仅仅是因为她女儿不想去。另一对夫妇相信自主学习的重要性，以至于有天晚上他们 11 点就上床睡觉了，而他们的女儿看了足足 9 个小时的芭比娃娃动画片。

虎妈教育似乎是一种对这种娇纵的有效的平衡，但这两个极端都有缺陷。蔡美儿的重心是不间断地专注于个体活动，无论是在学校还是在更广泛的社群里。她不鼓励集体活动，也不鼓励关心他人。因此，她似乎认为参加学校的戏剧表演是在浪费时间，而这些时间最好用来学习或练习乐器。

但是参加学校的戏剧表演是对社群有益的贡献。如果有才能的孩子不参加，作品的质量就会下降，对其他参加的人（以及会观看戏剧表演的观众）是一种损失。

而那些被父母禁止参加这些活动的孩子，就失去了发展社交技能的机会，而这些技能与那些占据了蔡美儿注意力的技能一样重要，一样值得学习，一样需要掌握。

我们的目标应该是让我们的孩子成为好人，过有道德的生活，既关心他人也关心自己。这种养育方式与幸福快乐不无关系：有充分的证据表明，那些慷慨和善良的人比那些不慷慨和不善良的人对自己的生活更满意。但这种养育本身也是一个重要目标。

除了带着幼崽的母亲，老虎过着孤独的生活。而我们相反，人类是过着群体生活的动物。大象也是如此，象妈们并不仅仅关注自己后代的幸福，她们一起保护和照顾象群中的所有幼崽，就像共同经营着一家“日托中心”。

如果我们都只考虑自己的利益，我们就会走向集体灾难——只要看看我们对全球气候的影响就知道了。回到育儿的话题上，我们需要更少的虎妈和更多的象妈。

来自报业辛迪加，2011 年 2 月 11 日

大众汽车和诚信未来

如果你在20世纪70年代使用“商业道德”这个术语，在那个时候这个领域刚刚开始发展，人们的普遍反应是：“难道这不是自相矛盾吗?”这句俏皮话之后，人们往往会背诵米尔顿·弗里德曼（Milton Friedman）的名言：企业高管唯一的社会责任，就是在法律允许的范围内，尽可能地为股东多赚钱。

然而，在接下来的40年里，商界人士不再引用弗里德曼的话，而是开始向公司的利益相关者谈论自己的责任。利息相关者不仅包含包括股东，还包括客户、员工和他们所在社群的成员。

2009年，在哈佛商学院全球金融危机后的第一批毕业生中流传着这样一个誓言。这些人——必须承认，这些都是少数人，宣誓要以“合乎道德的方式”从事他们的工作，“诚信经营他们的企业，反对那些助长狭隘的野心却损害企业和它所服务的社会的决定和行为”。

从那时起，这一做法就开始传播开来。来自250所商学院的学生也发出了类似的誓言。今年，包括90 000名荷兰银行家在内的所有人都宣誓，他们将诚信行事，将客户利益置于他人（包括股东）之上，行事公开、透明，并遵守他们对社会的责任。澳大利亚有一个自愿性的银行和金融誓言，该誓言要求宣誓的人（目前已有 300 多人宣誓）公开反对不当行为，并鼓励其他人也这样做。

今年[①] 8 月，一位名叫维罗妮克·劳里（Véronique Laury）的高管表示，她的职业抱负是“在更广阔的世界里产生积极的影响”。你可能会认为她是一家慈善机构而不是翠丰集团（Kingfisher）的负责人，该集团在欧洲和亚洲拥有约 1200 家门店的家装零售商。今年 9 月，美国最大的鸡蛋采购商麦当劳（McDonald's）宣布，其美国和加拿大业务将逐步停止使用笼养母鸡的鸡蛋。此举表明，麦当劳也可以为道德进步做出贡献。据美国人道协会负责农场动物保护的副会长保罗·夏皮罗（Paul Shapiro）说，这一举动标志着残酷的铁笼时代的结束。到目前为止，铁笼一直主宰着美国的鸡蛋业。

随后曝出的消息称，大众汽车（Volkswagen）在 1100 万辆柴油车上安装了一款软件，让这些车只有在进行排放测试时才会减少氮氧化物的排放，从而使这些车能够通过测试。而在正常使用情况下，它们的排放水平远远超过了被允许的水平。之后，《纽约时报》邀请专家评论“作弊的普遍性”是否已经让商业道德过时了。这家报纸以“诚信是针对傻瓜的吗？”为题发表了他们的回答。

---

①2015 年。——译者注。

愤世嫉俗者会说，在过去的40年里，什么都没有改变，而且什么也都不会改变，因为在商业中，所有关于道德的讨论都只是为了掩饰最终的目标：利润最大化。然而，大众汽车的欺骗行为很奇怪，是因为即使——或者说，尤其，以利润最大化的标准来衡量，这也是一场极其不计后果的赌博。大众汽车里任何知道这个软件在做什么的人，都应该能够预测这家公司在这场赌博里很可能会输。

实际上，要想输掉这场赌博，唯一需要做的就是去确认这些汽车在接受联邦排放测试时的排放结果，与正常驾驶时的排放结果是否相似就可以了。2014年，国际清洁交通委员会（International Council on Clean Transportation）委托西维吉尼亚大学替代燃料、发动机和排放中心（West Virginia University's Center for Alternative Fuels, Engines, and Emissions）来进行此类测试。这个软件的诡计很快就被拆穿了。

自丑闻爆发以来，大众汽车的股价已下跌逾三分之一。大众公司将不得不召回1100万辆汽车，并且仅其在美国需要支付的罚金就超过了180亿美元。而其中最大的代价，可能是对公司信誉的损坏。

市场对于“诚信是针对傻瓜的吗？”这个问题正在给出自己的答案。它的回答是：“不，诚信是为那些想要长期实现价值最大化的人准备的。”当然，某些公司可以逃脱欺诈的处罚，但它们会被揭穿的风险总是存在的。而且通常来讲——尤其是对于那些视品牌声誉为重要资产的公司来说，这种风险根本不值得去冒。

从长远来看，诚信使价值最大化，即使我们所说的“价值”只限于股东的金钱回报。如果价值的含义包括所有相关人员从工作中获得的满足感，那就更是如此。几项研究表明，在 21 世纪里成年的一代更感兴趣的是对世界产生影响，而不是赚钱本身。这一代人催生了“有效的利他主义”，在有效利用的前提下，他们鼓励将钱财捐赠出去。

因此，我们有理由去期待，随着千禧一代的人数开始超过仍在经营大众汽车和其他大型企业的人数，道德规范将成为最大限度发挥真正重要的价值的核心组成部分。至少在大型企业中，像大众汽车这样的丑闻会变得越来越少。

来自报业辛迪加，2015 年 10 月 7 日

兴奋剂有错吗？

当下是一个讨论体育界药物问题的常规时段，因为每年的环法自行车赛（Tour de France）都是在此时举办。今年[①]，领跑者、另外两名车手和两支车队因药检不合格或未通过药检而被开除或退出比赛。据说最终的获胜者，阿尔贝托·康塔多（Alberto Contador）去年的药检结果也是阳性的。许多顶级的自行车运动员在药检中呈阳性，或者出于安全退役的考虑，承认自己服用了这些药物。因此，人们可能怀疑，如果不服用这些药物，自行车项目是否会具有竞赛性。

在美国，棒球运动员巴里·邦兹（Barry Bonds）朝着职业生涯中击出全垒打历史记录的迈进，加剧了这场辩论。人们普遍认为，药物和合成激素对邦兹的成绩有助益。邦兹经常遭到球迷的嘘声和嘲笑。许多人认为棒球委员会委员巴德·塞利格（Bud Selig）不应该参加那些可能会让邦兹打平或打破纪录的比赛。

在顶尖水平上，冠军和失败者之间的差别微乎其微，但却至关重要，以至于运动员为了比他们的竞争对手略

①2007 年。——译者注。

胜一筹而被迫不择手段。我们有理由怀疑，金牌现在其实不是颁给那些没有用药的人，而是颁给那些在不被发现的情况下，最成功地改进药物而达到最佳使用效果的人。

随着环法自行车赛等赛事变得滑稽可笑，生物伦理学教授朱利安·萨乌列斯库（Julian Savulescu）提出了一个激进的解决方案。萨乌列斯库是牛津大学实践伦理学中心（Uehiro Centre for Practical Ethics at Oxford University）主任，拥有医学和生物伦理学的学位，他认为我们应该废除对运动兴奋剂的禁令，并允许运动员在保证安全的前提下，采取任何他们想要的措施来提升成绩。

萨乌列斯库建议，与其试图检测运动员是否服用了药物，不如关注运动员是否在拿自己的健康冒险。因此，如果运动员由于服用促红细胞生成素（简称 EPO）而导致红细胞水平过高，就不应该允许他/她参加比赛。其中的问题关键在于红细胞数量，而不是用来提高红细胞数量的方法。对于那些说这将给药物使用者带来不公平优势的人，萨乌列斯库回答说，现在不许使用药物的规则，给了那些拥有最好基因的人不公平优势。当然，他们仍然必须训练，但如果他们的基因比我们能产生更多的促红细胞生成素，那么无论我们多么努力地训练，他们都将在环法自行车赛中击败我们。除非，关键点来了，我们服用促红细胞生成素来弥补基因缺陷。设定红细胞的最高水平实际上是通过减少基因彩票的影响来公平竞争。因而，努力就比拥有合适的基因更加重要。

一些人认为使用药物是“违背体育精神”的。运动员为了提升他们的成绩，在能做什么和不能做什么之间目前存在一个界限，而要为这个界限进行辩护，是很困难的。

在环法自行车赛上，自行车手甚至可以通过通宵静脉注射营养和补液来恢复体力。在高海拔地区训练是允许的，尽管这给了那些能够在高海拔地区训练的运动员比那些只能在海平面上训练的运动员更多的优势。《世界反兴奋剂法案》（*World Anti-Doping Code*）不再禁止咖啡因。在任何情况下，萨乌列斯库说，提高成绩就是体育精神。我们应该允许运动员以任何安全的方式追求这一目标。

而我认为体育没有单一的“精神”。人们进行体育运动是为了社交，为了锻炼，为了保持健康，为了挣钱，为了出名，为了避免无聊，为了寻找爱情，以及为了纯粹的乐趣。他们可能会努力提高自己的成绩，但他们这么做往往是为了自己，为了获得成就感。

我们应该鼓励大众参与体育运动。体育锻炼不仅使人更健康，而且使人更快乐。使用药物往往会事与愿违。我游泳是为了锻炼，并且我给自己设定了一个目标，在规定的时间内能够达成一定的距离，鼓励自己更加努力。当我游得更快的时候，我很高兴，但是如果我的进步来自一瓶药物，我将不会从成绩的提高中获得成就感。

但只有少数人参加的精英体育赛事却不同。为了当下的名誉和荣耀，运动员们会有长期的健康风险。因此，尽管萨乌列斯库的大胆建议可能会减少药物的使用，但并不会终结它。

问题不在于运动员，而在于我们。我们为他们加油，当他们获胜时，我们为他们喝彩。不管使用药物的行为多么明目张胆，我们都不会停止观看环法自行车赛。也许我们应该关掉电视，骑上我们自己的自行车。

来自报业辛迪加，2007 年 8 月 14 日

在足球比赛中可以作弊吗？

6月27日①，在英格兰和德国的世界杯淘汰赛中场休息前不久，英格兰中场球员弗兰克·兰帕德（Frank Lampard）的射门击中球门横梁，弹回地面，并且显然越过了球门线。守门员曼努埃尔·诺伊尔（Manuel Neuer）抓住球，把它放回场上。无论是主裁还是边裁，他们都还在场上——因此在判断时的位置很差，且都没有发出进球的信号，比赛继续进行。

比赛结束后，诺伊尔讲述了他的行为："我试着不去回应裁判，只是专注于正在发生的事情。我意识到球过了线，我认为我如此迅速的表现愚弄了裁判，让他以为球没有越过球门线。"

说白了：诺伊尔场上作弊，然后吹嘘了一番。

按照任何正常的道德标准，诺伊尔的做法都是错误的。但这场足球比赛的结果，是否意味着唯一的道德准则就是"不惜一切代价赢得比赛"？

在足球运动中，这似乎是一种普遍的道德规范。其中最著名的要数在阿根廷1986年世界杯对阵英格兰的比

①2010年6月27日。——译者注。

赛中，迭戈·马拉多纳（Diego Maradona）的进球了。马拉多纳后来回忆说，那个进球“有马拉多纳的功劳，也有上帝之手的功劳”。回放清楚地表明，进球的是马拉多纳的手。20 年后，他在接受 BBC 采访时承认，为了欺骗裁判，他故意假装那是一个进球。

去年 11 月，类似的事情发生在法国和爱尔兰之间的一场比赛中。这场比赛决定了这两个国家中哪一个能进入世界杯比赛。法国前锋蒂埃里·亨利（Thierry Henry）用手控球传给队友，该队友打进了决定性的一球。赛后被问及此事时，亨利说：“老实说，那个球确实是用手传的。但我不是裁判，我这样打球，裁判允许。你应该问他这个问题。”

但真的是这样吗？为什么作弊不受惩罚就意味着你没有问题呢？球员不应该就他们在球场上的所作所为免于道德批评，就像他们不应该就在球场外作弊——例如服用兴奋剂，免于道德批评一样。

当今的体育运动竞争激烈，涉及巨额资金，但这并不意味着诚实是不可能实现的。在板球比赛中，如果击球手击球，而其中一个外野手接住了球，击球手就出局了。有时当球被接住时，裁判不能确定球是否碰到了球棒的边缘。而击球手通常是知道的，且传统上如果他知道自己出局了，他应该“退赛”（“walk”），也就是离开场地。

一些运动员还遵守着这样的规则。澳大利亚击球手亚当·吉尔克里斯特（Adam Gilchrist）在2003年板球世界杯半决赛对阵斯里兰卡的比赛中“退赛”，尽管当时裁判已经宣布他没有出局。他的决定让他的一些队友感到惊讶，但赢得了许多板球球迷的掌声。

在网上搜索，我只找到一个足球运动员做类似于击球手退赛的明确例子。1996年，利物浦前锋罗比·福勒（Robbie Fowler）因阿森纳门将对其犯规而被判点球。他告诉裁判对方门将没有对其犯规，但裁判坚持要他点球。福勒虽然照做，但是他的点球是以一种让守门员能够扑出球的方式进行的。

为什么很少有职业足球运动员有这样的行为呢？也许这项运动中过度的党派文化已经战胜了道德价值观。球迷们似乎并不介意自己球队的队员是否作弊，他们只在对方作弊时才反对。这不是一种有道德的态度。（不过，值得一提的是，从法国总统萨科齐到许多法国足球迷，都在亨利手球之后表达了对爱尔兰的同情。）

是的，我们可以在一定程度上通过现代技术或录像回放审查有争议的判罚来解决这个问题。但是，这将减少但不会消除作弊的机会，并且这不是真正的重点。我们不应该为体育运动中的故意作弊找借口。重要的是，它比在一个人在私人生活中进行欺诈更加糟糕——当你所做的事情会被数以百万计的人看到，会被无数次的录像回放，会被电视体育节目剖析时，做正确的事情就显得尤为重要。

那么，如果诺伊尔停止比赛，告诉裁判球进了，球迷们会作何反应呢？鉴于这种行为在足球界实属罕见，人们的第一反应无疑是十分惊讶。一些德国球迷可能会失望。但整个世界——以及每一位公正的德国球迷，都不得不承认，他做了正确的事情。

诺伊尔错过了在数百万人面前做一些高尚事情的难得机会。他本可以为全世界观看比赛的人们树立一个积极的道德榜样，包括数百万年轻且易受影响的人。谁知道这个榜样会给许多观众的生活带来什么样的不同呢？诺伊尔本可以成为一个英雄，为正义挺身而出。但是相反，他如今只是一个善于欺骗的球员罢了。

来自报业辛迪加，2010 年 6 月 28 日

关于冲浪的思考

对我和大多数澳大利亚人来说，暑假总是意味着去海滩。我从小就在海浪中游泳、玩耍，但不知怎么却错过了学习站在冲浪板上的机会。

在我五十多岁的时候，我终于弥补了这一缺憾——那时我已经老得不能在这个领域有所建树了，但我还足够年轻，还可以冲浪，这给我带来了十年的乐趣和成就感。这个南半球的夏天，我又一次回到了澳大利亚，回到了海浪中。

在我今天冲浪的海滩上，我听说了当季早些时候这里举行的一个仪式——一个高龄去世的当地冲浪者的告别仪式。他的同伴们划着水进入大海，围成一个圈，坐在冲浪板上，而他的骨灰则散落在海面上。其他朋友和家人站在海滩和悬崖顶上观望着。有人告诉我，在那个没有人为冲浪运动支付金钱的时代，他是附近最优秀的冲浪者之一。

我想，他出生得太早，不能参加今天利润丰厚的职业冲浪巡回赛，这是不是他的不幸？或者说能成为冲浪场景的一部分，不是为了成为明星，而是为了享受海浪，是不是他的幸运？

这并不是对金钱腐化影响的怒斥。有钱就会带来机会，如果运用得当，这些机会可能是非常积极的。冲浪者创建了像弄潮儿基金会（Surfrider Foundation）这样的环保组织，他们特别地关注海洋生态；以及冲浪救援组织（SurfAid），该组织试图将发展中国家冲浪旅游的一些益处传播给当地最贫穷的人。尽管如此，早期冲浪的精神［想想看 1971 年的电影《地球的早晨》（*Morning of the Earth*）中描绘的海浪与人类活动的和谐景象］与今天职业巡回赛的喧闹形成了鲜明的对比。

有些运动天生具有竞争性。网球迷可能会欣赏一个漂亮的反手击球，但如果没有比赛，观看球员在场上热身很快就会变得乏味。足球也是如此：如果不是为了一决胜负，谁会去看一群人在球场上踢球？这些运动的运动员如果没有竞争对手的推动，就不能充分发挥他们的技能。

而冲浪则不同。它提供了一个需要各种各样的技能应对挑战的机会。这些技能包括身体上的和精神上的，但挑战是这项运动内在的属性，并不包括击败对手。在这方面，冲浪更接近于徒步旅行、登山或滑雪，而不是网球或足球：优美自然环境中的审美体验是活动吸引力的重要组成部分，在成就感中可以找到满足感，而且这还是一种剧烈的体育锻炼，而非单调地在跑步机上跑步或在游泳池里游泳。

要使冲浪运动具有竞争性，就需要设计出衡量成绩的方法。方法就是对在惊涛骇浪中表现出的某些高难度动作进行评判——就像在十米跳台上看谁能完成难度最大的跳水动作一样。

但是，当我们把冲浪变成一项竞争性的活动时，一项数百万人可以愉快参与的娱乐活动就变成了一项观赏性运动，大多数人都可以在屏幕上观看。如果竞技体育对分数的狭隘关注限制了我们对美丽与和谐的欣赏，限制了我们乘风破浪的体验，那将是非常令人遗憾的。

我冲浪生涯的许多高光时刻，更多的是体验到了海浪的壮观和力量，而不在于我驾驭海浪的能力。事实上，在我最神奇的冲浪时刻，我根本不是在浪里。在澳大利亚最东端的拜伦湾（Byron Bay），我正向浪花破碎的地方划去。阳光灿烂，海水湛蓝，我感受到了绵延数千英里的太平洋，没有陆地的阻隔，一直延伸到智利海岸。一股能量的脉动在这片广阔的水域中产生，它靠近一道暗礁，在我面前的碧色墙壁显现出来。当波浪开始破碎的时候，一只海豚跳到了泡沫的前面，它的整个身体都离开了水面。

这是一个崇高的时刻，但并不是一个非常不同寻常的时刻。正如我的许多同伴都知道的那样，我们人类是唯一会打网球或踢足球的动物，但不是唯一喜欢冲浪的动物。

来自报业辛迪加，2015 年 1 月 15 日

译后记

什么是重要的事？在每个人的心中，这个问题的答案都是各不相同的。对于辛格教授来说，重要的事情关乎个人的衣食住行，也关乎全球治理、人类命运、物种平等和星际宇宙。正是因为有了他的这些思考，才有了大家手中的这本“小册子”。

回顾过去的两年，我们见证了历史。无论身在何处，无论从事什么样的职业，我们似乎都要对自己的过去、现在和未来重新做一个审视。我们不曾设想的事件在身边发生，让我们开始关注我们未曾关注过的问题。社会日趋多元化，曾经的道德标准也在不断受到挑战，整个世界都在不断的“破”与“立”中循环往复。什么是正确的，什么是错误的，我们应该怎样去生活，是当下社会和时代的难题。为了解决，或者说，面对这些难题，我希望大家手中的这本书能够提供一些参考。

学界通常认为辛格教授是一位功利主义伦理学家，这一点在他书中的观点上也有所体现。但功利主义是否真的解决了我们现在面对的所有问题，功利主义的决策是否都是合乎道德的，辛格教授也不认为答案一定是肯定的。每一个现实问题的背后，都有复杂的人性和利益的关系。功利主义或许回应了其中的一个侧面，但对于这些观点，我们仍然应当保持足够的警惕和理性的批判。

在本书的翻译过程中，除了对原文的翻译，对于原文提到的一些在我们的文化下并非常识，或随着时间的推移有所改变的内容，我增加了一些能够帮助读者理解的注释。希望每一位读者在读完这本书之后都能够有所收获，无论是了解到自己行业内曾经发生过的争议性问题，还是仅仅出于好奇，读到了一些身边曾经发生的故事，这些都是非常好的阅读体验。历史依然可能会在未来重演，今后当你看到类似的事件时会想到“啊，我曾经看过这样的事情和关于它的讨论”，那么我对于这本书所做的一切工作就都是有意义的。

最后，我希望郑重感谢一些在这本书的翻译和出版过程中给我提供了许多帮助的老师和朋友们。感谢雅理读书的田雷老师，2017 年年中，田老师信任地将这本书交给我，也是在他的不断敦促和努力下，这本书才有了现在的样子。感谢广西师范大学出版社的刘隆进老师、赵英利老师和中国政法大学出版社的刘海光老师。这本书的出版过程远比想象的波折，是你们的努力，才使其得以面世。感谢其他所有在我的生命中不断鞭策我、鼓励我、关爱我的朋友和长辈们，是你们让我不断努力、进步，为这个世界做出自己的贡献。

是为译后记。

王鑫

2022 年 2 月 5 日